… Doch selbst in der Verschweigung
ging neuer Anfang, Wink und Wandlung vor.

Tiere aus Stille drangen aus dem klaren
gelösten Wald von Lager und Genist;
und da ergab sich, daß sie nicht aus List
und nicht aus Angst in sich so leise waren,

sondern aus Hören. Brüllen, Schrei, Geröhr
schien klein in ihren Herzen. Und wo eben
kaum eine Hütte war, dies zu empfangen,

ein Unterschlupf aus dunkelstem Verlangen
mit einem Zugang, dessen Pfosten beben, -
da schufst du ihnen Tempel im Gehör.

Rainer Maria Rilke
»Sonette an Orpheus« I.1[1]

Bibliografische Information der Deutschen Nationalbibliothek:
Die Deutsche Nationalbibliothek verzeichnet diese Publikation in der
Deutschen Nationalbibliografie; detaillierte bibliografische Daten sind
im Internet über www.dnb.de abrufbar.

Umschlagbild: Orpheus-Mosaik, Archäologisches Museum Antakya
Herstellung und Verlag: BoD - Books on Demand Norderstedt

ISBN: 9783755776468

Nora Thielen

Orpheus sang
und alles schwieg

INHALT

Am Anfang war das Wort, also Ton und Klang, das erfahren wir schon in der Bibel. Schöpfungsmythen auf der ganzen Welt erzählen davon, dass der Ton am Anfang aller Dinge stand. Verbreitet ist die Vorstellung, dass die Welt durch ein aus Regenwolken oder einer Höhle donnerndes Wort oder klingenden Rhythmus erschaffen worden ist. In Ägypten war es die singende Sonne, welche die Welt durch ihren Lichtschrei erschuf. Nach dem Glauben vieler indigener Kulturen ist die Substanz der Welt akustischer Natur, alles Leben wird durch den Gesang der toten Ahnen und der in Höhlen wohnenden Götter erschaffen und erhalten. Nach indianischer Vorstellung hat ein alter, geheimnisvoller Mann die Musik ins Land gebracht, indem er eine heilige Rassel verschenkte. Andere Urzeit-Heroen verwandeln sich, indem sie geopfert werden oder sich selbst opfern, in fortklingende Geisterstimmen oder urtümliche Musikinstrumente und begründen so die irdische Musik. Oft auch werden Nixen, Nymphen und Sirenen, wie überhaupt Wassergeister, als die eigentlichen Träger und Bewahrer der Musik angesehen. Von dem griechischen Dichter Hesiod ist folgender Mythos überliefert: Als Zeus die Welt geordnet hatte, betrachteten die Götter staunend die Herrlichkeit, die sich ihren Augen darbot. Endlich fragte sie der Göttervater, ob sie noch etwas vermissten. Da antworteten sie, es fehle noch eines: eine Stimme, die großen Werke und seine ganze Schöpfung in Worten und Tönen zu preisen. Dazu bedurfte es einer neuen göttlichen Wesenheit, und so baten die Götter den Zeus, die Musen zu zeugen.[2] Als deren Mutter wählte Zeus die Quellgöttin Mnemosyne.

Seit frühester Zeit nutzten die Menschen die gefühlsverstärkende Wirkung der Musik, die aufs Engste mit bestimmten Zeremonien, Gottesverehrung, Riten und Initiationen verbunden war und nicht von diesen getrennt werden konnte. Das bewusste Einsetzen der Musik zu magischen Zwecken bildet den Kern des griechischen Orpheus-Mythos. Orpheus gilt als der Sohn des Apollon und der Kalliope, der vorzüglichsten aller Musen. Als hervorragender Sänger und Spieler der von seinem Vater erhaltenen Leier, vermochte er die wunderbarsten Dinge zu erreichen; wilde Tiere zähmen und erzürnte Götter besänftigen. Die Antike brachte den Sänger mit den Wunderkräften nicht nur mit der Musik und der Dichtkunst in Verbindung, sondern vor allem auch mit den Mysterienkulten. Hier hatte er als »Meister aller Einweihungen«[3] eine Sonderstellung, konnte er doch die Menschen von Verbrechen reinigen und von Krankheiten heilen. So umfassend wie die Fähigkeiten des Orpheus ist in ihrem Anfangsstadium die Musik selbst. Sie ist Kult, Offenbarung, Lebensäußerung, Sinnlichkeit, Magie, Ekstase, Gewalt, Macht, kurz essenzieller Bestandteil des Lebens.

Orpheus von Tieren umgeben. Typische Darstellung auf einem römischen Mosaik aus dem dritten Jahrhundert.

7

Apollon und die neun Musen auf dem Gipfel des Parnass, Heimat der Musen und Sinnbild der Lyrik. Zogen die Musen zum Olymp, so waren sie von Wolken umhüllt und man hörte nur ihre wunderschönen Stimmen in der Nacht. Ihre Namen waren Kleio, die Rühmende, Euterpe, die Erfreuende, Thaleia, die Festliche, Melpomene, die Singende, Terpsichore, die den Tanz Genießende, Erato, die Sehnsucht Erweckende, Polymnia, die Hymnenreiche, Urania, die Himmlische und Kalliope, die mit der schönen Stimme. Pierre-Paul Prud'hon, um 1800.

I
Altertum

Vom Odem der Musen beseelt

Zollt man doch den Sängern bei allen
Menschen auf Erden Achtung und Ehre,
weil ja wohl die Muse sie selber Lieder
singen lehrt; sie liebt die Gilde der Sänger.

Odyssee VIII, 479 - 481[4]

Musik ist von jeher Hoheitsgebiet der Musen, denn Musik ist wörtlich »die Kunst der Musen«. Dichter und Sänger waren auf den Beistand der Schutzgöttinnen besonders angewiesen. Schon die frühesten Dichtungen der Griechen beginnen häufig mit der Anrufung der Musen. So beginnt Homers *Odyssee* mit dem berühmten Vers: *Nenne mir, Muse, die Taten des vielgewanderten Mannes* ... Die Muse sollte also den Dichter-Sänger an die vielen Abenteuer des Odysseus mit all ihren Details erinnern. Aber auch an Rhythmus und Sprachmelodie seines von der Leier begleiteten Vortrags. In der schriftlosen Zeit, in der die Epen Homers entstanden, war die Hilfe der Musen für das Gedächtnis des Geschichten-Sängers, des Rhapsoden, von enormer Bedeutung, denn wenn es versagte, geriet unter Umständen ein ganzes Epos in Vergessenheit.[5]

Meist ist von neun Musen die Rede, doch in der Heimat des Hesiod selbst gab es eine Geschichte darüber, dass es ursprünglich nur drei waren. Die Namen entstammen nicht der Mythologie, sondern dem tagtäglichen Dichterleben: *Melete*, das Üben, *Mneme*, das Erinnern, und *Aoide*, das Singen.[6] Die griechische Antike unterschied deutlich zwischen ober- und unterweltlicher Musik. So zählten die Musen zum Gefolge des strahlenden Sonnengottes Apollon, während die ebenso musikalischen Sirenen zum Gefolge des zu wilden Exzessen neigenden Weingottes Dionysos gehörten. Wenn unsere Vorfahren in der Abenddämmerung oder in der Nacht Flötentöne hörten, so wussten sie, dass solche Töne oft zu geheimen Riten und Weihen riefen, Kulte, in denen Tod und Sexualität eng miteinander verwoben waren, ganz besonders im Dionysoskult. Vogelartige Sirenen - auch in männlicher Gestalt - findet man in der Nähe des Gottes der Ekstase ebenso wie auf den Grabmälern der klassischen Zeit. Im alten Mythos heißt es, dass die Sirenen Gefährtinnen der Unterweltkönigin waren. Sie seien Töchter der Chthon, der

»Erdentiefe«, und die Totengöttin Persephone sende sie. Die Sirenen hatten die Aufgabe, die Ankommenden im Totenreich zu empfangen und einzuführen. Die Bitterkeit des Todes wurde durch die Musik und ihren süßen Gesang gemildert und verwandelt.[7]

Im Gegensatz zu den Musen, die nur für die Götter sangen, konnten die Sirenen für die Sterblichen gefährlich werden. Sobald sich ein Schiff ihrer Insel näherte und die Besatzung ihren verlockenden Gesang vernahm, hielt es die Seeleute nicht länger an Bord; von unstillbarer Sehnsucht erfüllt, schwammen sie ans Ufer und verhungerten jämmerlich auf der unwirtlichen Insel. Allein Odysseus entging größerem Unglück, da er die Ohren der Gefährten verstopfte und sich selbst mit Stricken an den Mast des Schiffes binden ließ.[8] Dabei hatten die Sirenen alle Register gezogen: »Komm näher, vielbesungener Odysseus, du großer Ruhm der Griechen! ... Wie Honig fließt es aus unserem Mund! Wer es gehört hat, hat Genuss und mehr Wissen als vorher. Denn wir wissen alles, was Griechen und Troer nach dem Willen der Götter um Troia gelitten. Und wir wissen, was immer und überall auf Erden geschieht!«[9]

Gesangswettstreit zwischen den Musen und den vogelgestaltigen Sirenen. Die Musen trugen natürlich den Sieg davon. Zur Strafe für die übermütige Behauptung, besser singen zu können als die Musen, wurden die Sirenen von den Musen tüchtig gerupft. Römischer Marmorsarkophag aus dem 3. Jahrhundert.

Inspiriert vom Klang der Sphären

Von allen Kulturen der Antike ist die Musik der Griechen am besten erforscht. Musik hatte sowohl im praktischen Leben als auch in der Weltanschauung und Staatsauffassung eine ungeheure Bedeutung. Zu jedem Gastmahl gehörten Musik und Tanz dazu, ebenso zu den wichtigsten Wettkämpfen. Einen ganz besonderen Bezug zur Musik hatte Pythagoras. Der gemeinhin als großer Mathematiker bekannte Philosoph ist als ein überaus empfindsamer Mensch in die Geschichte eingegangen. Mit seinem feingestimmten Gehör soll er die Musik der kreisenden Gestirne vernommen haben. In den sieben mit bloßem Auge sichtbaren Himmelskörpern Sonne, Mond, Merkur, Venus, Mars, Jupiter und Saturn sah er »Apollons siebensaitige Leier« ans Firmament gesetzt.

Die Legende erzählt, als Pythagoras an einer Schmiede vorbeikam, wo vier Handwerker mit Hämmern bei der Arbeit waren, bemerkte er, dass die gleichzeitigen Schläge wohlklingende Töne hervorriefen. Erfreut trat er ein und stellte fest, dass sich die Harmonien ergaben, wenn die Gewichte der Hämmer in bestimmten ganzzahligen Verhältnissen standen. Darauf kehrte er nach Hause zurück, um dort Experimente an der schwingenden Saite eines Monochords durchzuführen. Es sollte die Grundlage für die musiktheoretische Beschreibung von Intervallen werden. Die Beobachtungen mit Ton und Schwingung übertrug Pythagoras dann auf die Planeten. Aristoteles schreibt später über die Pythagoreer:»Einige glauben, bei der schnellen Bewegung so großer Körper müsse ein Ton entstehen. Dies geschehe ja auch bei den Körpern hier bei uns, obgleich sie nicht die gleiche Masse hätten und sich nicht so schnell bewegten. Wenn aber Sonne, Mond und weiterhin so viele und so große Sterne

Die Kosmischen Harmonien des sagenumwobenen Ahnherrn der Alchemisten, Hermes Trismegistos. Als Bewahrer von antikem Weisheitsgut bot er mit seinen allegorischen Sätzen von Mikro- und Makrokosmos späteren Gelehrten eine wichtige Grundlage für die Analogie von Astronomie und Musik.

mit ihrer Geschwindigkeit ihre Bahn nähmen, müsse unbedingt ein unvorstellbar lauter Ton entstehen. Indem sie dies annehmen und dass die Geschwindigkeiten aufgrund der [verschiedenen] Abstände in einem harmonischen Verhältnis stünden, behaupten sie, die Sterne ertönten bei ihren Kreisbahnen in einem harmonischen Akkord. Da es aber unverständlich erscheint, dass wir diesen Ton nicht hören, geben sie als Grund dafür an, dass dieser Ton sofort mit unserer Geburt da sei, so dass er nicht vor dem Hintergrund einer entgegengesetzten Stille hörbar werden kann. Die Wahrnehmung von Tönen und Stille bedingten sich gegenseitig. So scheint bei den Menschen dasselbe Phänomen vorzuliegen wie bei den Schmieden, die auf Grund der Gewohnheit keinen Unterschied wahrzunehmen glauben.«[10]

Auch Platon lag die Harmonie der Dinge sehr am Herzen. Als Verfasser von Prosa und gelegentlich auch Dichtung war er ein begnadeter Künstler und stets dem Schönen zugewandt. In mehreren seiner Werke befasste er sich mit Musik, wobei nur Traditionelles, Bewährtes und Einfaches seine Zustimmung fand. Er ging davon aus, dass schlechte Musik niedere Affekte verstärke, ein allmählicher Einfluss, der sich mit der Zeit festsetze und bis an die Sitten des Staates heranmache.[11]

Demoralisierende Wirkung schrieb er vor allem der lydischen Tonart zu, eine der Haupttonarten der griechischen Musik, die ungeachtet ihres lebhaften Charakters für seinen Geschmack etwas zu Weichliches hatte.[12] Religiöse Hymnendichtung und Lobgedichte auf gute Menschen dagegen hielt er für sehr förderlich. Besonders angetan war er von der empfindsamen Poesie Sapphos, die er die 10. Muse nannte. Neun Bücher besaß die Antike von der hochgerühmten Dichterin, die um 600 v. Chr. mit ihren Freundinnen auf Lesbos lebte. Sie enthielten neben Hymnen und Hochzeitsliedern auch vielerlei Privates, sprachen von der Schönheit der Natur und dem Zwiespalt im eigenen Innern. Laut dem griechischen Rhetor Athenaios geht die Urheberschaft der *mixolydischen Weise*, eine Oktavgattung des griechischen Tonsystems, auf Sappho zurück. Die Jury hellenistischer Gelehrten in Alexandria jedenfalls schätzte ihr Werk so hoch, dass sie im Kanon der neun exemplarischen Lyriker als einzige Frau ihren Platz erhielt.[13] Einer der schönsten und ältesten Gesänge an Aphrodite, Schutzherrin der Liebenden, stammt aus ihrer Feder.

Aphrodite. Allmächtige komm vom Äther herab …
zu deinem Tempel. einst von Kretern erbaut.
Unter den Apfelbäumen des heiligen Hains.
als sie dir Opfer brachten auf den Altären.
schwelten damals der kühlenden Quelle entlang
Wolken von Weihrauch.
Immer noch rinnt das Wasser. von Zweigen beschattet.
zum Garten hinab und tränkt mir die Rosen der Laube.
wo ich voll Seligkeit, während sie lautlos entblättern,
Kypris erwarte.
Drüben. dort auf der Weide tummeln sich Pferde.
grasen im Klee und in den reifenden Ähren.
Süßer Geruch von Blumen weht von der Wiese
hierher zu mir.
Göttin der Liebe! Empfange mein Blumengebinde.
Komm und erscheine uns. Fülle die goldenen Schalen.
mische mit Nektar den Wein und schenke uns eine
himmlische Freude.

Lied auf einer Scherbe[14]

Kultische Rhythmen und Klänge

Die Musiktheorie der alten Griechen war hochentwickelt, wobei sie aus uralter Praxis vorausgegangener Hochkulturen schöpfte. Tontafeln in Keilschrift aus dem 3. Jahrtausend v. Chr. zeugen von einer hohen Musikkultur bereits bei den Sumerern und Babyloniern. Eine ganze Reihe technischer Begriffe für das Stimmen und Bespannen von Leier, Harfe und Laute sind bekannt aus der Zeit um 2070 v. Chr., ebenso eine Fülle von Texten, die sich mit den Stimmsystemen entsprechend dem mathematischen Verhältnis der Saitenlängen befassen. Daraus geht hervor, dass der Quintenzirkel bereits bekannt war und die verwendeten Tonleitern heptatonisch, also siebentönig waren. Sie entsprachen dem griechischen System, das später zur Grundlage der acht Hauptmodi des gregorianischen Gesangs wurde.[15] Daneben gibt es sehr frühe bildliche Darstellungen über das Musizieren auf den Kykladen aus dem 3. und 4. Jahrtausend v. Chr., dem minoischen Kreta und dem Festland von Mykene. Bei den Ägyptern dagegen fand man keinerlei Aufzeichnungen über Stimmsysteme, dafür aber eine Fülle von altägyptischen Instrumenten, meist als Attribut bestimmter Gottheiten. Zu den häufigsten Funden gehört das Sistrum, ein Rasselinstrument, es stand speziell mit dem Tempeldienst und dem Kult der Isis in Verbindung.

Lebhafte Eindrücke über griechische Gesangs- und Musikdarbietungen finden sich oftmals in der Literatur. Besonders das Theater war eng mit der Musik verbunden. Es existieren viele Malereien, Instrumente und sogar Notenmaterial mit Hymnen und Fragmenten von Dramen. Der wohl aus dem Kultischen hervorgegangene Chor der Tanzenden und Singenden war als allwissender Kommentator ein maßgebliches Element der frühen

Li.: Harfenspieler von den Kykladen. Marmorskulptur, 3. Jahrtausend v. Chr.
Re.: Zwei ägyptische Prinzessinnen mit Sistren. Grabrelief um 1365 v. Chr.

Aufführung. Auch Homer (um 800 v. Chr.) erwähnt eine Vielfalt von Liedern für fast alle Lebenssituationen. Hymnen wurden zum Lob der Götter oder bei ganz besonderen weltlichen Anlässen, etwa bei Hochzeiten, gesungen. Instrumentalmusik war ebenfalls sehr beliebt, es fanden sogar musikalische Wettbewerbe als fester Bestandteil der vielen Spiele und Festlichkeiten statt. Neben den Saiteninstrumenten gab es eine Reihe von Blasinstrumenten, darunter die Panflöte (Syrinx) sowie ein der Oboe verwandtes Instrument mit Doppelrohrblatt namens Aulos. Zudem gab es Klappern und Becken der verschiedensten Art.[16] Die ekstatischen Frauen im Gefolge des Dionysos, in ihren langen Gewändern, bekränzt mit Efeu und einen Stab mit einem Pinienzapfen in der Hand, tanzten - oder rannten vielmehr, begleitet von den Tönen der Flöten, Pauken und Tamburine.[17] Dazu tanzten Faune umher, »mit der Bacchantinnen Chor /

17

Machten sie bunte Reihe; der ziegengefüßete Pausback / Zwingt den heiseren Ton wild aus dem schmetternden Horn / Cymbeln, Trommeln erklingen ...«[18], so noch Goethe in Anlehnung an ein altes Lied an Priapos, den vielbesungenen Fruchtbarkeitsgott mit dem großen Phallus, den die Griechen zur Abschreckung von Dieben lebensgroß in ihren Gärten aufstellten. Um sich bewusstseinserweiternd in die berühmte *Dionysische Ekstase* zu tanzen, dürften aufpeitschende Rhythmen das entgrenzende Rauschmittel gewesen sein und nicht etwa der Wein. Zumindest in den Anfängen des Kultes, wo es um urweibliches Wissen ging, um die sakralen Zusammenhänge von Sexualität, Geburt und Tod, wie die Herkunft aus urtümlichen Fruchtbarkeits- und Vegetationsriten noch erkennen lässt.[19] Diese führen in das kleinasiatische Phrygien in der heutigen Türkei, Land der Kybele, der Großen Mutter. Ihr Attribut ist das Tympanon[20], die mit Stierhaut bespannte Handtrommel. Zu ihrem festlichen Zug gehörten neben den Klängen von allerhand Rhythmus- und Effektinstrumenten das magische Surren von Schwirrhölzern dazu[21], eines der ältesten Instrumente der Menschheit, mit dem

Satyr und tanzende Mänade (Rasende) im Gefolge des Dionysos. Beide tragen den Thyrsosstab mit dem Pinienzapfen zur Prozession, die Mänade hält in der linken Hand das Tympanon. Attisches Vasenbild um 380 v. Chr.

die australischen Aborigines bis heute die Geister der Ahnen herbeirufen.

Spätestens seit der Unterwerfung des griechischen Festlands durch die Römer (nach 168 v. Chr.) wurde die gesamte Musikkultur der Griechen von den Römern übernommen: Götter, Kulte und das griechische Theater wurden importiert. Viele griechische Musiker ließen sich in Rom nieder. Sie brachten ihre Instrumente mit, eine Bereicherung für die Römer, die ihre von den Etruskern übernommen hatten. Eine der bemerkenswertesten Neuheiten war die im nordgriechischen Dion erfundene Hydraulis, der »Wasser-Aulos«, im Aufbau ähnlich wie die späteren Orgeln - mit Tastatur, Blasebälgen und Pfeifen zur Tonerzeugung. Mit der Ausdehnung des Römischen Reiches nach Osten hin, erreichten auch Musiker aus Vorderasien und Nordafrika Rom, der ägyptische Isis-Kult steuerte rituelles Instrumentarium wie die Harfe und die Langflöte bei. Aus diesem kulturellen Konglomerat speisten sich spätere Entwicklungen der europäischen Musik und nahm vor allem die frühe Kirchenmusik ihren Anfang.[22]

Li.: Mosaik einer Wasserorgel in der römischen Villa von Nennig, 3. Jahrhundert. Re.: Maskierte Wandermusiker, Anhänger der aus Kleinasien stammenden Göttin Kybele. Die von der Musikantin gespielte Doppelflöte gilt als das am häufigsten abgebildete Instrument der Antike. Römisches Mosaik aus Pompeji, 1. Jahrhundert.

Der »Chor der Engel«, ein jubelndes, lichtsprühendes Heer seliger
Geister. Visionsbild der Hildegard von Bingen. Die außergewöhnliche
Kirchenfrau schrieb siebenundsiebzig Lieder, geschaffen aus ihrer
Erfahrung der himmlischen Harmonien, als »Posaunenklang vom
lebendigen Licht«. Aus Hildegards Erstlingswerk »Scivias«, um 1152.

II

Die Seele ist selber Tönen und Klingen

Beim Hören eines Liedes pflegt der Mensch manchmal tief zu atmen und zu seufzen. Das gemahnt daran, dass die Seele der himmlischen Harmonie entstammt. Im Gedenken daran werden wir uns bewusst, dass die Seele selbst etwas von dieser Musik in sich hat.

Hildegard von Bingen, 12. Jh.[23]

Musicus et monachus

Charakteristisch für die frühe christliche Kirche ist die starke Abneigung gegen den Einsatz von Musikinstrumenten, denen noch die bedenkliche Verbindung zu den heidnischen Kulten anhaftete. Aber auch die enge Bindung der christlichen Verkündigung durch das Wort, das, wenn musikalisch, dann überhaupt nur durch den Gesang ausgedrückt werden konnte, trug zur Ablehnung von Instrumenten bei. Erst im 9. Jh. hielt die Orgel Einzug in die Kirchen. Zu jener Zeit jedoch hatte sich die vokale Kirchenmusik bereits so fest etabliert, dass sie seither im christlichen Gottesdienst dominiert.[24]

Ein Grundpfeiler des damaligen Klosterlebens wurde das ständige Rezitieren der Psalmen, was in den Klöstern in gesungener Form erfolgte. »Musicus et monachus« heißt es bei Guido von Arezzo, der im 11. Jh. die ersten Grundlagen zu unserem modernen Notensystem schuf. Mönche wie er wurden Musiker, weil sie Mönche waren. »In allen ihren Schriften stehen nebeneinander Theorien über modi und toni und Gedanken über Liturgie und monastisches Leben. Den Zweck ihrer Arbeit sahen sie darin, ihren Mitbrüdern zu helfen, sich durch einen wohlgeordneten, einmütigen Gesang dem Lobpreis anzuschließen, den das All und die Engel Gottes darbringen und schon auf Erden den ewigen Gesang im Himmel vorwegzunehmen.«[25] Guidos Anliegen war es vor allem auch, seinen Schülern das Auswendiglernen der durch die Liturgiereform im 8. Jh. einheitlich eingeführten gregorianischen Melodien zu erleichtern. Nach der Methode des Vor- und Nachsingens brauchte es über zehn Jahre täglich stundenlangen Übens und Mühens bis die Mönche alle Choräle singen konnten. Durch das System unterschiedliche Tonhöhen durch Noten innerhalb von vier parallelen Linien anzugeben, sollte sich die Lernzeit wesentlich verkürzen.

Hildegard von Bingen (1098-1179), die wie Guido nach der Benediktinerregel lebte, mit dem Opus Dei als erster Ordenspflicht, war bereits mit dem neuen Liniensystem vertraut, als sie ihre visionären Texte für den Gottesdienst des Klosters Rupertsberg vertonte. In unzähligen Variationen besingt sie Gott, das Schöpfungsgeschehen, das Mysterium der Inkarnation, den gesamten Kosmos mit einer Bildersprache aus dem Bereich der Musik. Wie schon ihre Malerei gehen auch ihre Kompositionen weit über den damals üblichen Rahmen hinaus. Die Modalitäten lassen sich oftmals nur schwer erkennen, der Tonraum von anderthalb bis zweieinhalb Oktaven sprengt alles Gewohnte und fordert von den Sängern ein Höchstmaß an Perfektion, sowohl technisch als auch musikalisch. Dabei bezeichnete Hildegard sich selbst als »indocta«, als musikalisch ungebildet. Jedenfalls genoss sie das Privileg, innerlich so lauter und unbeeinflusst zu sein, Inspiration und Empfindungen ungebremst fließen zu lassen. Sr. Christiane Rath schreibt: »Wenn man bedenkt, dass das 12. Jh. noch ganz dem antiken Bildungsideal verhaftet war, dann kann sich Hildegard tatsächlich als »indocta« bezeichnen, denn die Antike reihte die Musik innerhalb der sieben Künste an den fünften Platz zwischen Arithmetik und Geometrie.«[26] Man betrachtete die Musik unter den Aspekten von kosmischer Gesetzmäßigkeit und Struktur. Es war die in vielen Schriften und Zeichnungen des Mittelaltes verbreitete Anschauung des Einklangs von Mikro- und Makrokosmos.

Zum wichtigsten Vermittler zwischen griechischem Musikverständnis und mittelalterlicher Nachwelt wurde der römische Gelehrte Boethius. Sein um 500 verfasstes philosophisches Werk »De institutione musica« unterscheidet drei Arten der Musik: *musica mundana*, *musica humana* und *musica instrumentalis*. Pythagoras hatte den Zusammenhang der Musik der Instrumente mit der kosmischen Musik der Sphären erkannt. Boethius fügte die dritte Dimension hinzu: Die Musik des Geistes und der Seele, die *musica humana*. Auf allen drei Ebenen sollte Harmonie herrschen, im Himmel wie auf Erden, auf den Instrumenten wie in der menschlichen Seele, und diese Harmonie sollte in alle Lebensbereiche, in alle Institutionen hinein ausstrahlen. Denn wo die Einheit ist, da ist Gott.[27]

Klingende Baukunst

Als Gesamtkunstwerke göttlicher Harmonie verstanden sich insbesondere die großen gotischen Kathedralen, wo das Bauwerk selbst zum Musikinstrument wird. Als ihr Archetypus gilt die Kathedrale von Chartres, bedeutendstes Marienheiligtum des Mittelalters. Chartres war schon zur Zeit der Druiden ein heiliger Platz, wo die Priester der Carnuten mit der geistigen Welt in Verbindung traten. Hier gingen die druidischen Mysterienschulen unmittelbar in die römisch-christlichen Schulen über. Louis Charpentier, der die eingeschriebenen Geheimnisse über viele Jahre zu entschlüsseln suchte, schreibt: »Wer dieses Buch aus Stein zu buchstabieren versucht, nimmt staunend wahr, wie die Dinge sich zueinander ordnen. Da ist zuerst ein Hügel - das Geschenk der Erde. Dann bedurfte es dreier Menschen. Der erste, ein Eingeweihter, verkündete in verschlüsselter Sprache die heilige Formel, den Widerhall des göttlichen Wortes an diesem Punkte der Erde. Der zweite, ein Wissender, löste die Buchstaben und Worte der Formel in Zahlenverhältnisse auf. Er nannte die Zahl des Ortes, die Chiffre, die die Beziehung dieses Punktes der Erde zur übrigen Welt bezeichnet, das Maß. Der dritte, der Baumeister, verwandelte die Zahlen in gerade und gekrümmte Formen, in Figuren und Proportionen, in lastende und stützende, in Materielles, in Stein. Durch den Eingeweihten wurde das *Wort,* durch den Wissenden die *Zahl,* durch den Baumeister die den Stoff fügende *Harmonie* gegeben.«[28]

Zwischen Raum und Klang besteht seit jeher eine enge Beziehung. Architektonische wie musikalische Schönheit zeichnen sich durch Symmetrie und Proportion aus, so stehen die Säulen und Galerien von Chartres zueinander in harmonischen Verhältnissen, die der gregorianischen Tonleiter entsprechen. Das Kirchenschiff kann man als Resonanzkörper sehen, der die Schwingungen aus dem Erdinnern, der dort entspringenden Quelle, dem ursprünglichen Heiligtum der Kelten, an die Oberfläche weiterleiten und verstärken sollte. Indem die Baumeister der Gotik Spitzbögen kreuzweise zum Gewölbe fügten, fanden sie gewissermaßen zum Geheimnis des »singenden Steines« zurück. Der Dolmen, eine von steinernen Stützen getragene Steintafel, ähnelt ein wenig der Klangplatte eines Xylofons. »Die Tafel ist zwei verschieden gerichteten Kräften unterworfen, der Kohäsionskraft und dem Gewicht, d. h. sie befindet sich in Spannung. Sie ist so empfänglich, dass sie wie die gespannte Saite einer Harfe zu vibrieren vermag.«[29] Wie der Dolmen ist das Kirchengewölbe Akkumulator und Verstärker zugleich. Die Qualität der tellurischen Welle aber wirkt in voller Stärke erst im Kirchenschiff bzw. in der Dolmenkammer, weil sie hier auf einen Resonanzkasten trifft.

Die Kathedralen der Gotik in ihrer himmelwärts strebenden Majestätik symbolisieren den Weg von der Finsternis ins Licht. Äußeren Ausdruck fand der Wunsch nach spiritueller Wandlung vor allem in der Pilgerschaft. Wer sich auf den Weg begab, musste eine bestimmte Bahn durchlaufen, deren Entwicklung einem Gesetz gehorchte; er hatte ein rhythmisches Ritual zu absolvieren, und das Labyrinth war die vorgegebene Figur. Überlieferungen von bischöflich angeführten Osterrunden lassen vermuten, dass sich die Pilger von Chartres in einer Art Rundtanz bewegten. Während der Mensch sich bis zur Mitte des Labyrinthes durchtanzte, erlebte er in intuitiver Wahrnehmung Gesetze und Harmonien der Natur, die Macht des Kreises, die Macht des *Einen* erfasste ihn. Es ist die gleiche Kraft kosmischer Ganzheit, die immer wieder in den kreisrunden Visionsbildern Hildegards von Bingen aufleuchtet, der gleiche Kreis, ewig, vollendet, ohne Anfang, ohne Ende, den sie in einem ihrer Lieder mit dem Wortspiel besingt: »circuiens circuisti - kreisend umkreist du!«

O Kraft der Weisheit,
umkreisend die Bahn,
die eine des Lebens,
ziehst um das All du die Kreise,
alles umfangend![30]

Labyrinth von Chartres

Maskierte Spielleute. Roman de Fauvel, 14. Jahrhundert.

Fiedeln gegen die Pest

Hildegard begriff die Musik noch als ein das innere Leben steuerndes Heilmittel. Damit stand sie nicht allein. Über das maurische Spanien war das Wissen der großen arabischen Ärzte ins christliche Abendland gelangt. Musik gehörte wegen ihrer an- und entspannenden Wirkung auf Körper und Geist zum festen Bestandteil ihrer Therapie. Musikanten agierten auf Anweisung der Buchärzte sowohl an höfischen Krankenlagern wie in städtischen Spitälern. Als Vorbeugung gegen die Pest verordneten Ärzte fröhliche Musik, da ein frohgestimmter Mensch kräftiger an Körper und Geist sei und der Krankheit besser widerstehen könne. Und nicht zuletzt rechtfertigte die gesundheitsfördernde Wirkung der Musik die höfischen Tafelmusiken gegenüber geistlicher Kritik. Könige und Fürsten bedürften anregender Musik umso mehr, als ihr Geist durch die beständige wägende und urteilende Tätigkeit zur Abgespanntheit neige und der Belebung bedürfe.

Obwohl die Kirche während des ganzen ersten Jahrtausends versucht hatte, das Volk davon zu überzeugen, dass Singen außerhalb der Kirche Teufelswerk sei, Volkslieder, welche die Stimmungen und Anliegen der einfachen Leute wiedergaben, wurden zu allen Zeiten gesungen, mit und ohne instrumentelle Begleitung. Als Volksweisen ab dem 15. Jahrhundert in Liederhandschriften zusammengetragen wurden, hatten sie bereits eine lange Geschichte hinter sich, waren von Generation zu Generation verändert, ausgeschmückt oder vereinfacht worden. Von anderer Art waren Lieder, die auf aktuelle Zustände und Ereignisse Bezug nahmen, die gereimten Zeitungen der sogenannten Bänkelsänger, deren Bühne eine Holzbank auf dem Marktplatz war, auf die sie sich stellten, um ihre schaurigen Balladen vorzutragen. »Derlei Lieder«, weiß das Mittelalterlexikon, »waren eher kunstlos; sie lebten von ihrem Nachrichtenwert und fielen schnell in Vergessenheit, wenn sie nicht Eingang in eine Chronik fanden.«[31]

Spielleute, die für das Leben auf der Straße mit allen Wassern gewaschen sein mussten, hatten infolge der Diffamierung durch die Kirche einen schweren Stand. Vor Gericht konnten die weder als Kläger noch als Zeugen auftreten, waren eidesunfähig, hatten keinen Anspruch auf Entschädigung und fanden kaum jemals Bürgen oder Eideshelfer, wurden jedoch nicht mit Kriminellen gleichgesetzt. Den Status der Ehrlosigkeit konnten nur jene durchbrechen, die über ein kultiviertes Auftreten und musikalisches Können verfügten und Anstellung an weltlichen oder geistlichen Höfen gefunden hatten. Als Solisten oder in einem Ensemble musizierend konnten sie sogar bis zum Hoftrompeter, -posaunisten oder -paukisten aufsteigen. Als patronisierte Spielleute, unter dem Schutz eines fürstlichen Schutzschreibens reisend, oder unter städtischer Schirmherrschaft sesshaft geworden, genossen sie einen rechtlich aufgewerteten Stand.[32]

Minnesang: Edler Ethos und mannhafte Frömmigkeit

In der Hierarchie weltlicher Musik nahm der Minnesang den obersten Rang ein. Ihre Blüte erlebte die hoch ritualisierte Form gesungener Liebeslyrik zur Zeit der Kreuzzüge, eine Ära wachsenden Selbstwertgefühls der Frauen der oberen Stände. Bis Ende des 11. Jh. waren Edelfrauen von Vätern, Ehemännern oder Söhnen vollkommen abhängig gewesen. Das lange Fernsein der Männer aber machte es jetzt notwendig, ihnen die Familiengüter zu übertragen. Derweil drangen süße arabische Töne in die Burgen und Gutshäuser.

Guilhem, Herzog von Aquitanien, der um 1100 mit seinem Werk höfischer Dichtkunst als erster Troubadour in die Literaturgeschichte eingegangen ist, muss die von Offenheit und Sinnlichkeit geprägte spanisch-arabische Liebesdichtung gut gekannt haben. Die Liebe, so philosophierte er, sei keine Erniedrigung, sondern eine Erhebung, keine Sünde, sondern ein göttliches Geschenk, und die Dame, die sie zu schenken vermochte, eine zu verehrende Göttin.[33] Guilhems Mischung aus der begehrlichen und der erhöhenden Liebe wurde bald ein beliebtes Thema unter den fahrenden Sängern. Für die blaublütigen Damen, die oft ein monotones Leben führten, waren reisende Troubadoure eine willkommene Abwechslung, schürten deren Lieder doch ihre geheimsten Fantasien. Die Heldin solcher Lieder war wie sie selbst von hoher Geburt, Gemahlin eines mächtigen Feudalherrn, und was ihren Verehrer bedrückte, war nicht ihr Ehemann, sondern ihr adliger Rang. Er bemühte sich, ihrer wert zu werden, und es gelang ihm, ihre Liebe zu gewinnen. Um ihres Rufes willen aber musste diese Liebe verborgen gehalten werden, was ihr den märchenhaften Zauber des Einzigartigen und Ganzbesonderen verlieh.[34]

Sängerkrieg auf der Wartburg. Miniatur aus dem »Codex Manesse« (um 1300), die umfangreichste Liedersammlung des Mittelalters. Der Sage nach waren sechs edle und tugendsame Männer zusammenkommen, um die ritterlichen Tugenden der herrschenden Fürsten zu preisen. Unter den Sängern: Walther von der Vogelweide und der große epische Dichter Wolfram von Eschenbach, dessen Werke »Parzival« und »Titurel« die Grundlage wurden für die große Wagneroper »Parsival«.

Die Troubadoure sangen nie von vollzogener Liebe, einige verzichteten ausdrücklich auf jeden Wunsch, die Dame ihres Herzens zu besitzen. Andere besangen eine Keuschheit, die jeder Prüfung standhalten konnte. Um 1186 schrieb Andreas Cappellanus, Kaplan am Hofe Philipp II. von Frankreich, dass *amor purus* »bis zum Kuss und der Umarmung und der bescheidenen Berührung der nackten Geliebten geht, doch den letzten Trost ausschließt, denn der ist jenen nicht gestattet, die rein lieben möchten.«[35] Es sei dahingestellt, inwieweit sich das wahre Leben an die Liedtexte hielt, zumindest im heißblütigen Süden. Im moralisch strengeren Norden dagegen war es wahrscheinlicher, dass die Tugend siegte. Hier gelang es Walther von der Vogelweide eine Brücke zu bauen zwischen »hoher« und »niederer« Minne; das heißt, den sittlichen Ständekonflikt aufzulösen zwischen idealisiertem Werben um die geistige Geneigtheit hoher Damen und derber Sinnlichkeit mit Mädchen unteren Standes. Aus tiefem Erleben heraus verschmolzen die beiden Ebenen in der innigen Liebesvereinigung von gleich zu gleich. Geboren um 1170 gilt Walther nicht nur als der größte mittelalterliche Lyriker des Abendlandes, sondern auch als einer der frühesten und bedeutendsten weltlichen Melodisten und Weisenfinder. Seine musikalischen Inspirationsquellen reichen vom Volkslied bis zum feierlichen Kirchengesang. Zu seinen berühmtesten Liedern der »ebenen« Minne zählt »Unter der Linden«, wo er eine glückliche Frau erzählen lässt.

Unter der Linden
Auf der Haide,
Wo wir zweie gelegen ha'n,
Werdet Ihr finden
Alle beide,
Blumen und Gras, geknicket stah'n.
Vor dem Wald in jenem Thal
　　　Tandaradei
Lieblich sang die Nachtigall.

Kam ich gegangen
Hin zu der Au, –
War mein Schatz gekommen schon;
Ward ich empfangen,
Heilige Frau!
Bin ich doch selig noch davon.
Tausendmal hat er mich wohl geküßt:
　　　Tandaradei
Seht, wie roth mein Mund noch ist!

Hat er gemachet
Wonniglich
Blumen zu einer Lagerstatt;
Mancher noch lachet
Inniglich,
Wenn er kommt denselben Pfad;
An den Rosen wohl er mag
      Tandaradei
Sehen, wo mein Köpfchen lag.

Daß wir uns lieben,
Wüßt es einer,
Ach, um Gott, da schäm ich mich!
Was wir getrieben,
Niemals Keiner
Wisse das, als er und ich,
Und ein kleines Vögelein,
      Tandaradei
Das wird wohl verschwiegen sein.

Übertragung ins Neuhochdeutsche
Bodo Wenzel, 1889[36]

III
Renaissance und Barock

Melodien für Kirche und Bühne

Das Streben nach Harmonie steckt in allem […] Denn kein Herz kann so verhärtet und wild sein, dass es nicht durch geeignete Melodien und Gesänge, die das Herz umreißen, erweicht würde oder sich auf der anderen Seite gegen unpassende und unstimmige Melodien verschlösse und wehrte.

Athanasius Kircher
Musurgia universalis, Buch IX, 1650[37]

In der Renaissance, der großen Zeit der Pioniere, Erfinder und Gelehrten, wird in vielerlei Weise eine neue Welt entdeckt. Die Ideen der Antike sollen wiedergeboren werden, der Mensch ist aufgerufen zur Entfaltung seiner vollen Menschlichkeit. Diente zur Gregorianik die Musik noch allein der Verehrung Gottes, so rückt der Mensch jetzt ins Zentrum musikalischen Denkens. Kaum verwunderlich, dass in dieser Zeit der Sologesang entwickelt wurde. Große menschliche Gefühle wie Liebe, Trauer und Glück gewinnen an Wichtigkeit. Besonders von italienischen Musikern gehen inspirierende Impulse aus. Für mehrere Sänger komponiert wurde das Madrigal, ursprünglich eine einfache Gedicht- bzw. Liedform, die vor allem durch die Liebeslyrik Petrarcas Eingang in die hohe Literatur fand und ab dem 16. Jahrhundert als Grundlage mehrstimmiger Kunstmusik verwendet wurde.

Bestimmend für die Renaissance ist vor allem auch die enorme Beschleunigung musikalischer Entwicklungen durch den Notendruck. Mit den hundert vielstimmigen Liedern seiner Sammlung *Odhecaton A* übertrug der Venezianer Ottaviano Petrucci die Erfindung Gutenbergs 1501 erstmals in den Bereich der Musik. Gegenüber dem zuvor aufwendigen Druck von gregorianischen Chorälen im Holzschnittverfahren ermöglichte die Verwendung beweglicher Lettern das Setzen und Drucken komplexer Partituren in kürzester Zeit und vor allem in größeren Auflagen. Damit gelangte die Musik aus dem engen Kreis professioneller Musiker an Höfen oder Kirchen in eine größere Öffentlichkeit und war fortan auch gebildeten Laien zugänglich.[38]

Bild rechts: Martin Luther mit Melanchthon im Kreise seiner Familie musizierend. Der Reformator dichtete mehr als 30 protestantische Kirchenlieder auf Deutsch, darunter das bekannte Weihnachtslied »Vom Himmel hoch, da komm ich her«. Mit so manchem Lied sagte er auch der Gegenreformation den Kampf an. Beliebtestes Instrument der Renaissance war die Laute. Sie galt als Königin der Instrumente, war leicht zu transportieren und an allen europäischen Höfen verbreitet.

Musik vertreibt den Teufel

Eine andere wesentliche Entwicklung in der Musik wurde durch die revolutionären Ideen Luthers ausgelöst. Für die Reformation spielten die Kirchenlieder eine große Rolle. Im protestantischen Gottesdienst sollte die Gemeinde stärker einbezogen werden und so wurde ihr Gesang der Predigt ebenbürtig in die Gottesdienstordnung aufgenommen. Luther selbst liebte die Musik, für ihn war sie so sehr Lebensnotwendigkeit, dass er einmal an den Weggefährten, Kantor Johann Walter in Torgau schrieb: »Wenn ich nicht Theologe wäre, so würde ich am liebsten Musiker geworden sein.«[39]

Schon in der Erfurter Studentenburse soll Luther *der* Musicus gewesen sein und im Wirtshaus die Leute durch Gesang zur Laute wild begeistert haben. Die gemeinschaftsbildende Macht der Musik hat Luther früh erkannt und hielt sie für die beste Kurzweil, »da sie mit allem Fleiß die Einigkeit der Stimmen hilft erhalten und aller Mißhellung wehret ...«[40] Mehrstimmige

Tonsätze hat er später auf einem gewissen Örtchen gefunden (in cloaca invei). Doch jedem Gesang seinen gebührenden Platz. Allzu weltliche, mit geistlichem Text unterlegte Kirchenlieder wie die der Niederländer erschienen ihm Teil einer »an Haupt und Gliedern erneuerungsbedürftigen Kirche.« Luthers Hauptbekenntnis zur Musik lautete denn auch: Mit aller Kraft den Teufel bekämpfen, der die Tonkunst hasse und für alle Unzucht zu missbrauchen verstünde.

Das Motiv, dass das Böse ein Gegenpol zur wahren Musik sei, klingt allenthalben bei Luther auf. Trotz aller Fortschrittlichkeit im Kampf gegen Prunksucht und Ablasshandel der Kirche war der Reformator noch eng im Dämonen- und Hexenglauben verhaftet. Der Teufel aber kann nach Luther als Geist der Trübsal durch die Töne bekämpft werden; so schreibt er an den Freiburger Domorganisten Matthias Weller: »Darum, wenn ihr traurig seid und will überhandnehmen, so sprecht: ›Auf, ich muss meinem Herrn Christo ein Lied schlagen auf dem Regal, es sei *Te deum laudamus* oder *Benedictus,* denn die Schrift lehrt mich, er höre gern fröhlichen Gesang und Saitenspiel.‹ Und greift frisch in die Claves (Tasten) und singt darein, bis die [finsteren] Gedanken vergehen.«[41]

Die Berechnung der Weltharmonie

Die Renaissance, das sind auch die Zahlen der Astronomen, des Sternenhimmels, der unerhörten Erkenntnis, dass sich die Erde um die Sonne dreht. Trotz wissenschaftlicher Nüchternheit, Johannes Kepler (1571-1630) war ein pythagoreischer Mystiker, in aller Schöpfung sah er noch ein zusammenhängendes Ganzes. Berühmt ist er heute für die grundlegenden Gesetze der Planetenbewegung, die ihm »von einer unaussprechlichen Verzückung ergriffen« eine musikalische Harmonie enthüllten, gleichermaßen die Verewigung des Schöpfers im Sonnensystem. Der kaiserliche Mathematiker, Astronom und Astrologe hat in seinen fünf Büchern über die Weltharmonik, den Beweis dafür erbracht, dass all die Proportionen, die wir von den Instrumenten kennen, auch als Beziehung der Planeten und ihrer Bahnen zueinander gelten. »Vollkommene Harmonien finden sich also folgende: zwischen den konvergenten Bewegungen von Saturn und Jupiter die Oktav. Zwischen den konvergenten Bewegungen von Jupiter und Mars die Doppeloktav mit der Mollterz. Zwischen den konvergenten Bewegungen von Mars und Erde die Quint.«[42]

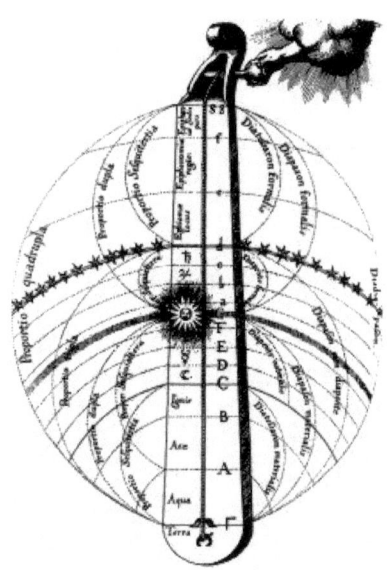

An der Grundstimmung der Welt dreht eine göttliche Hand. Das »Weltmonochord« des englischen Mystikers und Naturphilosophen Robert Fludd (1617), der wie Pythagoras intuitiv erfasste, was Kepler mit detaillierten Berechnungen belegte.

Im Gegensatz zu Galilei, zu Newton, zu fast allen nachfolgenden Naturwissenschaftlern, ist die Mathematik für Kepler noch mehr als ein abstraktes Ordnungsschema. Wie einst die Zahlen der alten Philosophen haben seine Zahlen neben dem quantitativen noch einen weit umfassenderen qualitativen Aspekt. Mit der einseitig nur quantitativen Betrachtung sind wir laut dem Anthroposophen Ernst Bindel verarmt, weil wir die Erfassung des Lebendigen eingebüßt hätten. Die qualitative Auffassung der Zahlen dagegen berge eine ungeheure Bereicherung, weil sie als eine unter unzähligen anderen Qualitäten auch das Quantitative in sich trage. Man brauche sich nur die Vorgänge anzuschauen, welche sich beim Tönenlassen einer Saite abspielten. »Die als Ganzes angestrichene Saite liefert einen Ton, den Grundton oder die Prim, der ungegliederten Einheit entsprechend. Aber auch die Einheit in Gestalt der Zwei schwingt als sogenannter erster Oberton mit, ebenso die Einheit in Gestalt der Drei als zweiter Oberton, die Einheit in Gestalt der Vier als dritter Oberton usw. Erst der Grundton samt den mitklingenden Obertönen ergibt den ganzen wirklich erklingenden Ton. Grundton und Obertöne sind in Wahrheit alle »eines«, die Einheit in ihrer vielgestaltigen Gliederung jubelt auf.«[43]

Keplers kosmische Berechnungen, seine Zahlen stehen noch in enger Verbindung zur Einheit und den Urbildern der Dinge. Selbst teilhaben an der Weltharmonie heißt, »die Ähnlichkeit der Proportion in den Sinnesdingen mit einem bestimmten, innen im Geist vorhandenen Urbild, also einer echten und wahren Harmonie aufdecken, erfassen und ans Licht bringen [...] So findet der Geist Ordnung und Proportion in den Tönen und Strahlen [...], dass aber diese Proportion harmonisch ist, bewirkt die Seele durch die Vergleichung mit ihrem Urbild. Die Proportion könnte nicht harmonisch genannt werden, sie besäße keinerlei Kraft, die Gemüter zu erregen, wenn dieses Urbild nicht wäre.«[44]

Die Erde sieht Kepler als beseelten Organismus, dessen Atmen er mit den rhythmischen Erscheinungen von Ebbe und Flut vergleicht. Und so heißt es in der *Harmonice mundi:* »Darum wird man sich nicht weiter wundern, dass die schöne, zweckmäßige Folge der Töne in den musikalischen Tongeschlechtern von den Menschen gefunden wurde, wenn man sieht, dass sie dabei nichts anderes getan haben, als Gottes Werke nachzuahmen, und nur sozusagen das Schaustück des himmlischen Bewegungsbildes herunterspielen.«[45]

O Orpheus singt wieder!
Die erste Oper

Während der tiefgründige Gelehrte im stillen Kämmerlein forschte und hinterfragte, wurden für den Emporkömmling Äußerlichkeiten immer wichtiger, Reichtum wurde offen zur Schau gestellt. Selbst die Bewegungen des Menschen hatten vollkommen zu sein. Ein Renaissancemensch *ging* nicht einfach, nein, er *schritt*; formvollendet schritt er zum Ziel. Bewegungen sollten kunstvoll, elegant und anmutig sein. Das Berufsbild des Tanzmeisters bildete sich heraus, und bald schon konnte der Höfling sein tänzerisches Talent mit komplizierten Sprüngen und Drehungen präsentieren.[46]

Am Übergang von der Renaissance zum Barock steht als dominierende Musikerpersönlichkeit Claudio Monteverdi (1567-1643), neben Shakespeare und Calderón der dritte große Theatraliker der Zeit. Monteverdi gilt als bekanntester Pionier und Wegbereiter der frühen Oper. Die Darstellung großer Gemütsbewegungen und Leidenschaften war sein Ziel, die sogenannten *affetti*. Vor allem mit L´Orfeo (1607) setzte er neue Akzente. Seine Ausgestaltung des Mythos um Orpheus und Eurydike wird als Vorbild der heutigen Opern betrachtet. Erstmals wurden

Instrumentalmusik, Gesang, Tanz und Bühne als eine Einheit verstanden. Zum Bild des großen Experimentators passt, dass er auch Alchemist gewesen ist. Laut einem Brief hoffte er, bald Blei durch Kalzinieren in Gold zu verwandeln. Handfesteren Gewinn boten seine Tonwerke, die man von überall anforderte. Monatelang durchdachte er alle Handlungsszenen, um schließlich die Musik in kürzester Zeit niederzuschreiben. In manchen Fällen lehnte er selbst von hoher Seite gewünschte Vertonungen ab. »Auf der einen Seite kam es ihm auf Menschlichkeit der Gestalten an, weshalb er hohle Allegoristereien ablehnte, zum andern war er auf echte Leidenschaft aus und vermied leere Tiraden, tadelte zuviel Nebenpersonen, geringe Abwechslung, einen unbefriedigenden Schluss.«[47]

Allein durch die Kunst seines Saitenspiels gelang es Orpheus, die Götter der Unterwelt zu besänftigen und seine geliebte Eurydike aus dem Reich der Toten zu erlösen. Allerdings nur für einen Augenblick, denn er missachtete das Verbot, sich auf dem Weg in die Oberwelt noch einmal umzudrehen. In der Musikgeschichte war der Mythos sehr beliebt und wurde vielfach gestaltet. Opern komponierten neben Monteverdi: Christoph Willibald Gluck, Carl Orff und Ernst Krenek. Igor Strawinsky verarbeitete das Thema zu einem Ballett. Gemälde von Camille Corot, 1861.

Prolog aus L´Orfeo

DIE MUSIK (Sopran)

Vom Quell des Permessos komm ich zu euch hernieder,
ruhmreiche Helden von königlichem Blut.
Von euch erzählt die Sage grosse Taten, doch
kann sie nie genug berichten, da es zu viele sind.

Ich bin die Musik, die mit lieblichen Tönen
dem verwirrten Herzen Ruhe schenkt.
Bald zu edlem Zorn, bald zur Liebe vermag ich
selbst eiserstarrte Sinne zu entfachen.

Singend zum Klang der goldenen Zither
entzücke ich zuweilen das Ohr der Sterblichen
und erwecke in der Seele die Freude an den
klangvollen Harmonien der Himmelsleier.

Nun will ich euch von Orpheus berichten,
der mit seinem Gesang die Tiere zähmte,
der durch seine Bitten sogar die Hölle bezwang,
und unsterblichen Ruhm auf dem Pindos und Helikon
errang.

Wenn ich nun meine Lieder singe, mal heiter, mal traurig,
soll der Vogel im Baum unbewegt lauschen,
soll keine Welle an die Ufer schlagen
Und jedes Lüftchen still verweilen.

Alessandro Striggio d. Jüngere, 1607[48]

Claudio Monteverdi (1567-1643) porträtiert von Bernardo Strozzi, 1630.
Rechts: Heinrich Schütz (1585-1672) von Christoph Spätner, um 1660.

Italienische Komponisten übten einen großen Einfluss auf ihre
Kollegen in Mitteleuropa aus, und im Repertoire der Opernhäuser von München, Hamburg, Wien und Dresden dominierten
ihre Werke, die bisweilen auch übersetzt wurden. Die erste
deutsche Oper, *Dafne*, entstand 1627. Sie stammte von Heinrich
Schütz, der ersten großen internationalen Persönlichkeit im
deutschen Musikleben. Mit dem Mythos um den unsterblich in
die Nymphe Daphne verliebten Apollon knüpfte er am eigentlichen Ursprung der Gattung »Oper« an, nämlich dem griechischen Theater, das nie reines Sprechtheater war. Der Florentiner
Jacopo Peri hatte mit *La Dafne* bereits 1598 den ersten Impuls
einer Wiederbelebung des antiken Dramas gesetzt, zu dem
Gesangssolisten, Chor und Orchester unbedingt dazu gehörten.
Priorität bei der Aufführung des antiken Stoffes aus der Feder
Ovids hatte die Textverständlichkeit des Gesangs, dem sich eine
sparsame Instrumentalbegleitung unterzuordnen hatte. 29 Jahre

Apollon und die sich in einen Lorbeer verwandelnde Daphne. Zum Gedenken an Daphne trug Apollon fortan einen Lorbeerkranz oder eine mit Lorbeer geschmückte Laute. Illustration zu dem in Ovids Metamorphosen erzählten Mythos. Ende 16. Jh.

später, während der Torgauer Fürstenhochzeit 1627, konnte man endlich auch eingedeutscht den anrührenden, für Apollon so niederschmetternden Bittgesang der verfolgten Daphne an ihren Vater, den Flußgott, vernehmen: »O Vatter hilff doch mir / Im Fall ein Fluß auch helffen kan. Bedeck' / O Erde / mich nim zu dir meine Zier / Verschling sie / od laß sich meine Leib verkehre / In etwz welches mich kan der Gewalt erwehre.«[49] Die Erde verwandelte die Verzweifelte in einen Lorbeerbaum.

Im Norden traf die Oper zunächst auf die Ablehnung der strikten Anhänger der Reformation und es dauerte länger bis sie sich etablieren konnte, was teilweise auch an den Wirren des Dreißigjährigen Krieges lag. Die Zeit nach dem Westfälischen Frieden brachte einen allgemeinen Aufschwung und Wohlstand, nicht zuletzt für Hamburg mit seinem wichtigen Handelshafen. In der Hansestadt öffnete 1678 mit der Oper am Gänsemarkt das erste bürgerliche Opernhaus Deutschlands.

Maestro Lully -
Liebling des Sonnenkönigs

Nach dem Erlebnis nicht enden wollenden Leids durch die
Religionskriege folgte mit dem Barock eine Zeit der Befreiung
und der Lebensgier. Die Bevölkerung wurde nach und nach
selbstbewusster und entzog sich dem Kirchenzwang. In Adels-
kreisen wurde die Kunst zunehmend zu einem Mittel der Selbst-
darstellung. Zum Vorbild absolutistischen Glanzes und Schillerns
wurde Ludwig XIV. von Frankreich. Zu seiner Verherrlichung
lockte er die besten Künstler aus ganz Europa an seinen Hof:
Maler, Bildhauer, Dichter, Komponisten.

Das französische Musikleben wurde maßgeblich geprägt von
Jean-Baptiste Lully (1632-1687), dem obersten Tanzmeister der
»Tanzmeister Europas«, so die Franzosen gerühmt. Seine Oper
war in erster Linie Ballett. Aus der pfiffigen Idee Molières
(inzwischen königlicher Vergnügungsdirektor) Sprechlustspiel
und Tanz mit lyrisch Opernhaftem zu einer Art Gesamtkunst-
werk zu verbinden, entstand seit 1664 Lullys Typ der Comédie-
Ballet, eine lockere Folge selbstständiger Theaterszenen, ähnlich
der heutigen Revue. In Lullys Tanzspielen geruhte Ludwig XIV.
bisweilen persönlich mehrere Parts zu interpretieren. Lully selbst
bewährte sich als burlesker Solospringer, sang als Orpheus und
spielte von der Bühne herab ein Violinsolo. Der Maestro aus
Italien, der mit vierzehn als Page einer adligen Dame an den
französischen Hof gekommen war, verstand es schon als Junge
den jüngeren Ludwig mit kompliziertesten Schrittfolgen zu
beeindrucken, erlernt bei keinem Geringeren als beim Tanzmeister des Königs. Lullys Geschichte klingt wie ein Märchen.
Mit Geistesgegenwart und Galanterie gelang es dem musikalisch
hochtalentierten Niemand, Spross einer Müllerfamilie, sich in

Aufführung von Lullys Oper »Alceste« im prunkvollen Marmorhof von Versailles unmittelbar unterhalb den Gemächern des Königs, ein pompöses Sommernachtsevent unter einer unendlichen Anzahl von Lichtern, Juni 1674.

der Gunst des Königs zu festigen und zum allmächtigen Opernintendanten aufzusteigen. So wird erzählt, er sei zufällig einmal an einer Saaltür mit Serenissimo zusammengeprallt. Als dieser ihn nötigte, gegen das Zeremoniell als erster zu passieren, habe Lully zwar gehorcht, dabei aber dem nächsten Pagen das Windlicht entrissen und unter dem Ruf: »Nur als Fackelträger Eurer Majestät!« die Tür durchschritten.

25 Jahre lang bleibt Jean-Baptiste Lully der unangefochtene Lieblingskomponist des Sonnenkönigs. In der Welt höfischer Intrigen eine Ewigkeit. Er schreibt die Musik zu mehr als 50 Bühnenwerken, dazu noch Lieder, Motetten und Tänze. Doch was den Giftmischern nicht gelungen, gelingt schließlich der bösen Zunge der königlichen Mätresse. Als Lullys homosexuellen Neigungen öffentlich ruchbar werden, kommt es zum Eklat. Den Rest besorgt Lullys zügelloses Temperament. Bei einer

Bild links: Jean-Baptiste Lully in Hoftracht. Im Alter von 29 Jahren stieg Lully zum »Musikmeister der Königlichen Familie« auf, die höchste Position, die ein Musiker in Frankreich erlangen konnte. Rechts: Der junge Ludwig XIV. in der Hauptrolle des strahlenden Sonnengottes Apollon im höfischen Ballettspektakel »Ballet de la nuit«, 1653. Sein Beiname »Sonnenkönig« geht auf diesen Part zurück.

Probe rammt er sich den schweren Dirigentenstock in den Fuß. Die Wunde entzündet sich, und Lully der Tänzer stirbt, weil er sich weigert, den Fuß amputieren zu lassen. Sein Beichtvater verlangte vom Meister zur Wiedergutmachung seiner Sünden und als Beweis seiner Bußwilligkeit das Opfer, seine handschriftlichen Tonwerke sämtlich verbrennen zu lassen. Anscheinend kämpfte Lully mehrere Wochen lang mit diesem Entschluss. Als seine Freunde zuletzt besorgt fragten, ob er die Manuskripte wirklich alle geopfert habe, antwortete er seufzend: »Ja, sie sind sämtlich verbrannt. Aber« - fügte er listig lächelnd, leise hinzu, »ich habe vorher sorgfältige Abschriften auf der kgl. Bibliothek deponiert.«[50]

Vivaldi und die Töne der Natur

Im Jahre 1678, zur gleichen Zeit, als Maestro Lully noch die Welt der französischen Oper dominierte, wurde in Venedig Antonio Vivaldi geboren. »Il prete rosso« - «der rothaarige Priester« von San Marco - so nannten ihn die Venezianer, denn bevor Antonio in die Fußstapfen seines Vaters trat und Geiger wurde, hatte er die geistliche Laufbahn eingeschlagen. Nachdem er wegen einer Enge in der Brust mehrmals das Lesen der Messe hatte abbrechen müssen, betraute man ihn mit der Ausbildung musikalisch begabter Waisenmädchen im Ospedale della Pietà. Einen Großteil seiner Musik hat Vivaldi für die Mädchen geschrieben und mit ihnen zur Aufführung gebracht. Daneben engagierte er sich im Operngeschäft, stieg bald zum führenden Opernkomponisten Venedigs auf. Sein bekanntestes und beliebtestes Werk sind bis heute »Die vier Jahreszeiten«, ein Meisterwerk poetischer Tonmalerei.

Mit Konzerten verdienten sich die einst in der Kinderklappe abgegebenen Mädchen ihren Lebensunterhalt. Mit der erstklassigen musikalischen Ausbildung erhielten sie über die Pietà hinaus die Aussicht auf finanzielle Absicherung, entweder als Musikerin an einem der vielen Theater- und Opernhäuser oder in einer guten Partie. Gabriele Bella: Kantate im Palazzo Querini Stampalia, Venedig. Um 1720.

Drückende Hitze mit Mückenschwärmen, ein Gewitter mit Donner und Blitz, Hagel und Sturm, das Bellen eines Hundes, Vivaldis *Vier Jahreszeiten* sind voll von musikalischen Bildern. Vivaldi malt mit Klangfarben und Tönen, beschreibt Naturereignisse und Gegenstände, aber auch menschliche Verhaltensweisen, Gefühle und Stimmungen. Jedem der vier jeweils eine Jahreszeit darstellenden Violinkonzerte wird ein beschreibendes Sonett vorangestellt; die Zuordnung musikalischer Bilder in der Partitur gegeben: So ergibt sich etwa für den ersten Satz des »Sommers« folgende Einteilung: A: Mattigkeit durch Hitze, B: Der Kuckuck, C: Die Turteltaube, der Stieglitz, D: Sanfte Zephire, der Nordwind, E: Klage des Hirten. Im letzten Sonett des »Winters« heißt es: »Kräftig gehen, ausrutschen, zu Boden fallen. Von Neuem über das Eis laufen und kräftig gehen, bis das Eis bricht und sich öffnet. / Bei verschlossenen Türen herauskommen hören Schirokko, Boreas und alle streitenden Winde. So ist der Winter. Doch - welche Freude bringt er.«[51]

Vivaldi muss ein exzellentes Gehör und eine außerordentliche Empfindungsgabe besessen haben, er erfasste die Grundtöne der Natur, wie sie seit mythischer Zeit als charakteristische Äußerungen der Sirenen, Quellnymphen, des Wilden Jägers oder Frau Holle und ihres stürmischen Heeres erscheinen. »Alles, was in der Natur tönt, ist Musik«, sagte Herder, »es hat ihre Elemente in sich und verlangt nur eine Hand, die sie hervorlocke, ein Ohr, das sie höre, ein Mitgefühl, das sie vernehme.«[52] Kein Künstler erfinde einen Ton oder gebe ihm eine Macht, die er in der Natur nicht habe. Den Zauber, den Vivaldi beim Zirpen der Grillen empfunden haben muss, hat der Komponist Jim Wilson mit modernster Technik eingefangen und dann in verlangsamter Geschwindigkeit abgespielt. Die Aufnahme enthüllt etwas Wunderbares und Erstaunliches: Die Grillen klingen wie der Gesang eines Engelchors in perfekter Harmonie.[53]

Johann Sebastian Bach

Für die Barockmusik stehen große Namen wie Händel, Pachelbel und Vivaldi. Als Inbegriff und teilweise Vollender des Barocks aber gilt Johann Sebastian Bach (1685-1750). Zu seinen bedeutendsten Werken zählen die »Brandenburgischen Konzerte«, die »Matthäus-Passion« und das »Weihnachtsoratorium«. Mit dem »Wohltemperierten Klavier«, der systematischen Erkundung der Tonarten des gesamten Quintenzirkels, hat Bach zwei der wohl herausragendsten Klavierzyklen aller Zeiten geschaffen. Dennoch war und blieb er der Repräsentant des alten Stils, gegen den sich ein neuer, völlig entgegengesetzter durchzusetzen begonnen hatte. Die moderne Welt des Spätbarock und des Rokoko suchte das Anmutige, das Exotische, das Gefällige, - nun, das Oberflächliche. Für Bach dagegen hatte Musik zwei wesentliche Zwecke und sollte »nur zu Gottes Ehre und Recreation des Gemüths seyn«, weswegen er auch viele seiner Werke mit SDG (Soli Deo Gloria) unterzeichnete.

Zahlreiche große Geister gehörten zu Bachs enthusiastischen Bewunderern. Für Albert Schweitzer wie für Albert Einstein war die Beschäftigung mit der Musik Bachs Lebenselixier. Von Goethe weiß man, dass er sich während der Kur und später auch zu Hause in Weimar oft stundenlang von Heinrich Friedrich Schütz Bachsche Sonaten vorspielen ließ. Um sich ganz auf die Musik zu konzentrieren, legte er sich ins Bett. Sein Berliner Musikerfreund Carl Friedrich Zelter war von dieser Hörgewohnheit Goethes beeindruckt und kommentierte sie noch Jahre später: »Bachs Urelement ist die Einsamkeit, wie Du ihn sogar anerkanntest, indem Du einst sagtest: ›Ich lege mich ins Bett und lasse mir von unserem Bürgermeisterorganisten in Berka Sebastian spielen.‹ So ist er, er will belauscht sein.«[54]

Bach galt als der beste Orgelspieler der Welt. Allerdings waren

Haussmanns berühmtes Bach-Porträt aus dem Jahre 1746. Rechts: Historische Innenansicht der Leipziger Thomaskirche, 27 Jahre Bachs Wirkungsstätte. Für die sonntäglichen Gottesdienste komponierte er jede Woche eine neue Kantate.

seine Kompositionen zu Lebzeiten nur einem relativ kleinen Kreis bekannt. Den Grund dafür, dass er nicht so großen Ruhm errungen hat wie andere Musikerkollegen, sah man darin, dass er nicht genug herumgekommen war. So unendlich weit Bachs innere Welt war, so begrenzt war sein äußerer Radius. Mit Ausnahme der zwei Jahre als Schüler in Lüneburg und einiger Monate Studium bei Dieterich Buxtehude in Lübeck konzentrierte sich sein Wirken auf das Gebiet der heutigen Bundesländer Thüringen, Sachsen-Anhalt und Sachsen. Die erste wirkliche Metropole, die er als 16-Jähriger zu sehen bekam, war Hamburg, um Johann Adam Reincken, einen Star unter den Organisten seiner Zeit, zu hören. Die zweite Weltstadt, die er wenige Male besuchte, war Berlin. Die Begegnung mit Friedrich dem Großen in Potsdam, im Alter von 62 Jahren und gesundheitlich bereits geschwächt wohl der letzte Höhepunkt in Bachs

Leben, bleibt zeitlebens der einzige Anlass, auf dem Titel einer Zeitung erwähnt zu werden.

Philipp Spitta, Verfasser eines der ersten grundlegenden Werke über Bach, schreibt: »Nur weil der König immer dringender wurde, entschloss sich Bach Anfang Mai 1747, die Reise zu machen. Er nahm Friedemann mit (den Ältesten, vordem Hoforganist in Dresden, jetzt in Halle wirkend). Sonntag, den 7. Mai traf er in Potsdam ein. Es pflegte allabendlich Hofkonzert zu sein, an welchem der König sich mit Solovorträgen auf der Flöte beteiligte. [...] Als der König sich eben zu seinem Flötenkonzert anschickte, wurde ihm der Rapport über die am Tage einpassierten Fremden gebracht. Mit der Flöte in der Hand übersah er das Papier, drehte sich aber sogleich gegen die versammelten Capellisten und sagte mit einer Art von Unruhe: ›Meine Herren, der alte Bach ist gekommen!‹ Die Flöte wurde beiseite gelegt, und der alte Bach sogleich auf das Schloss befohlen. Er war in Emanuels [seines Zweitältesten] Wohnung abgestiegen. Es wurde ihm nicht Zeit gelassen, sein schwarzes Staatskleid anzulegen; im Reisekostüm, so wie er eben war, musste er erscheinen. Friedemann sagte hernach, der Vater habe sich wegen der ungenügenden Toilette etwas weitläufig entschuldigt, der König habe die Entschuldigung abgewehrt, und darüber sei ein förmlicher Dialog zwischen Künstler und Monarch entstanden. Friedrich hielt viel von den Silbermannschen Fortepianos, an deren Vervollkommnung Bach selbst einen Anteil hatte. Er besaß mehrere derselben, und Bach musste sie probieren und auf ihnen fantasieren. Dann bat dieser sich vom Könige ein Fugenthema aus, welches er sofort zur Bewunderung der Anwesenden durchführte. Am folgenden Tage ließ sich Bach in der Heiligengeistkirche zu Potsdam als Orgelspieler vor einer größeren Zuhörermenge hören. Hier scheint der König nicht zugegen gewesen zu sein. Doch beorderte er ihn des Abends nochmals auf das Schloss und wünschte von ihm eine sechsstimmige Fuge zu hören, um zu erfahren, wie weit die polyfone Kunst getrieben werden könne. Hierzu durfte Bach das Thema selbst wählen, da für eine so vollstimmige Durchführung nicht ein jedes geeignet ist, und erntete nach dieser Leistung des Königs volle Anerkennung.«[55]

Während des Berlin-Aufenthalts besichtigte Bach auch das von Knobelsdorff neuerbaute Opernhaus (1741-1743) »Alles, was in der Anlage des Opernhauses der Wirkung der Musik förderlich oder hinderlich war, und was andere erst durch Erfahrung bemerkt hatten, entdeckte er, ohne einen Ton Musik darin zu hören, auf den ersten Blick. Er machte seine Begleiter auf ein im Speisesaal des Opernhauses zu beobachtendes Phänomen aufmerksam, das wie er meinte, der Baumeister vielleicht unabsichtlich angebracht hatte. Die Konstruktion der Bögen verriet ihm das Geheimnis. Wenn jemand von der einen Ecke des oblongen Saales auf der Galerie leise gegen die Wand sprach, so konnte er von dem, der in der Diagonale gegenüber und mit dem Gesicht gleichfalls gegen die Wand gewendet stand, deutlich vernommen werden, übrigens aber im Saale nirgends.« Eine Probe bestätigte die Richtigkeit. »Bach hatte mit seinen Extempore-Vorträgen* die Bewunderung des Hofes errungen; nur er selbst war mit sich nicht zufrieden gewesen. Das vom König gegebene Fugenthema gefiel ihm so gut, dass er sich gegen diesen sofort verpflichtete, dasselbe einer vollkommenen Ausarbeitung zu unterwerfen und dem König zu Ehren in Kupfer stechen zu lassen. Das Ergebnis seines Vorsatzes war das 'Musikalische Opfer'.«[56]

Bach untertitelte das Werk mit dem Wortspiel: **R**egis **I**ussu **C**antio **E**t **R**eliqua **C**anonica **A**rte **R**esoluta. »Auf Geheiß des Königs die Melodie und der Rest durch kanonische Kunst erfüllt.« Die Anfangsbuchstaben ergeben das Wort RICERCAR,

---

* *Extempore = Improvisation, aus dem Stegreif*

die Bezeichnung für eine der Vorformen der Fuge. Bach liebte verborgene Botschaften in seinen Kompositionen. Oft hat man von »musikalischer Mathematik«[57] gesprochen, weil er die verschiedenen Möglichkeiten, bedeutungsvolle Zahlen zu verwenden, voll auszuschöpfen wusste. Anerkannt sind insbesondere Zahlenwerte, die unmittelbar im Zusammenhang mit den Texten der jeweiligen Musikstücke stehen. So etwa die 43 Choreinsätze im Credo der h-Moll Messe, die als Umsetzung der Buchstaben *CREDO* in Zahlenwerte gedeutet werden, oder die Übereinstimmung von Anzahl der Töne und des Buchstabenwertes des vierstimmigen Chorals Nr 3 *Herzliebster Jesu* aus der Matthäus Passion. Auch seine Initialen hat Bach unmittelbar in Noten umgesetzt (B = 2/ A = 1/ C = 3/ H = 8 mit der Quersumme 14). Kompositorisch wurde die Vierzehn immer wieder von ihm verarbeitet. Naheliegend ist der Gedanke einer mit der Musik verwobenen Signatur, auf ewig unauslöschlich, um die Werke vor fremdem Zugriff zu schützen.[58] Frühere Musikforscher trauten Bach einiges zu. Durch die Zahl der Takte in seinen Goldberg-Variationen soll er sogar das Datum seines eigenen Todes vorausberechnet haben.

Kirchers wundersames Orgelspiel

Ob das akustische Kuriosum im Berliner Opernhaus wirklich Zufall war, darf angezweifelt werden. Vielmehr waren solche und ähnliche Spielereien typisch für die Ära des Barock. Der universell gebildete Jesuitenpater Athanasius Kircher (1602-1680) wäre hier der rechte Sachverständige gewesen, war er doch selbst ein Enthusiast im Austüfteln von Wunderlichem und Originellem. Bereits in seiner *Musurgia universalis* (1650) beschäftigten den genialischen Forscher Schallübertragung und Abhöranlagen. Neben wasserkraftbetriebenen automatischen Orgeln und einem Algorithmus zur automatischen Komposition wird unter anderem erstmals die Herstellung der etwas geisterhaft klingenden, damals oft noch mit Zauberei in Verbindung gebrachten Äolsharfe erklärt. »Aus dem besonders resonanzfähigen Holz der Kiefer, aus dem gewöhnlich Saiteninstrumente gebaut werden, wird ein Instrument von fünf Handbreit Länge, zwei Handbreit Breite und ein Handbreit Tiefe gefertigt. Es wird mit 15 oder auch noch mehr gleichstarken Saiten aus Tierdarm bezogen [...]« Alle Saiten müssen im Unisono oder in der Oktave miteinander abgestimmt sein, damit ein harmonischer Klang entsteht. »Es darf nicht im Freien aufgestellt werden, sondern in einem geschlossenen Raum, aber so, dass die Luft von allen Seiten Abgang und Zugang hat. [...] Wenn man aber einen derartigen harmonischen Klang ununterbrochen erklingen lassen will, soll man diese Maschine an einem offen dastehenden Ort eines Turmes anbringen und sie so ausrichten, dass sie nach Art eines Flaggstocks oder eines Windanzeigers vom Windstrom gewendet wird, der gerade bläst. So wird sie durch die aufgenommene Luft belebt und klingt von selbst ständig bei jedem Windhauch.«[59]

Sogar auf Reisen habe Kircher eine Äolsharfe mitgeführt, weiß sein engster Mitarbeiter Caspar Schott zu berichten. »Bei der Übernachtung hängte er sie im Schlafgemach eines Klosters auf. Als sie im Zugwind der offenen Tür zu klingen begann, wunderte sich der patrouillierende Ordensbruder über das seltsame nächtliche 'Orgelspiel'. Kircher erklärte ihm lachend, er könne den ganzen Raum durchsuchen, ohne eine Orgel zu finden. Die Harfe war inzwischen verstummt, da die Tür geschlossen war. Als der Ordensbruder hinausgehen wollte, begann das Spiel von Neuem. Erregt warf er seinem Gast Täuschung vor, bis ihm dieser des Rätsels Lösung verriet.«[60]

IV
Wiener Klassik und Romantik

Märchenhafte Welten

Schläft ein Lied in allen Dingen,
Die da träumen fort und fort,
Und die Welt hebt an zu singen,
Triffst du nur das Zauberwort.

Joseph von Eichendorff, 1835[61]

Haydn, Mozart, Beethoven -
die drei großen Wiener

Mitte des 18. Jahrhunderts begann das Zeitalter der Aufklärung. Wien wurde zum Mittelpunkt des musikalischen Schaffens. Als Wegkreuz im Herzen Europas und Hauptstadt des riesigen Habsburgerreiches bot die kosmopolitische Kaiserstadt Musikern eine Vielfalt von Möglichkeiten, nicht zuletzt am Hofe oder in den Stadtpalais der Aristokratie. Komponisten und Interpreten aus ganz Europa zog es nach Wien, weil sie hier die ideale Umgebung fanden, um sich zu entfalten. Drei große Namen prägten diese Epoche der Wiener Klassik wie niemand anders: Joseph Haydn, Wolfgang Amadeus Mozart und Ludwig van Beethoven.

Haydn (1732-1809), der als Vater der Wiener Klassik gilt, »wusste sich sowohl in einem unter Maria Theresia nicht besonders aufgeklärten Wiener Hof zu bewegen als auch in Paris und London, in den Logen der Freimaurer und den Stuben des Bürgertums. [...] Er ließ sich nie irritieren, weder vom Erfolg noch in jenen Phasen, da es weniger rosig lief. Er schuf sich Freiräume für seinen Kopf«[62], so die Komponistin Olga Neuwirth über den Schöpfer der Melodie zur deutschen Nationalhymne. Förderlich für die innere Unabhängigkeit waren die 28 Jahre »Pustaeinsamkeit« auf dem Landsitz des wohlhabenden ungarischen Fürsten Esterházy, über die Haydn rückblickend dankbar bekennen musste: »Ich erhielt Beifall, ich konnte als Chef des Orchesters Versuche machen [...] ich war von der Welt abgesondert [...] und so musste ich originell werden.«[63] In der Tat mussten Haydns leidenschaftliche Musiksprache und gewagten Harmonien den Zeitgenossen damals unerhört neuartig vorgekommen sein. Die Musikfreunde von Königsberg baten ihn öffentlich um neue Serien von Streichquartetten, eine öster-

*Links: Joseph Haydn etwa zu der Zeit, als Leopold Mozart die außergewöhnlichen
Talente seiner Kinder Wolfgang und Nannerl dem adligen Publikum an den großen
Höfen Europas vorführte. In England hielten sich die Mozarts über 15 Monate auf.
Dort wurde begeistert über Wolfgangs Improvisationstalent berichtet, während die
ältere Schwester als die bessere Pianistin galt. Aquarell von 1763.*

reichische Zeitung rühmte ihn 1766 als »Liebling der Nation«
und als »Gellert der Tonkunst.«[64] Das bescheiden gebliebene
Genie, dessen Karriere fünfzehnjährig im Heer der namenlosen
Wiener Volksmusikanten begonnen hatte, blieb seinen frühen
Helfern ein Leben lang in Dankbarkeit verbunden, stets förderte
und unterstützte er junge Kollegen und Musiker. Etwa ab 1781
verband ihn eine innige Freundschaft mit Wolfgang Amadeus
Mozart (1756-1791), an dessen Werdegang er leidenschaftlichen
Anteil nahm und den er maßgeblich beeinflusste.

Ursprünglich stand der Begriff »klassisch« für die Werke
Haydns und Mozarts, um deren Überlegenheit gegenüber der
Musik früherer Epochen hervorzuheben. Insgesamt werden das
Heitere und das Ernste, das Leichte und das Intellektuelle in
einer charakteristischen Weise durchmischt. Das Wesen Mozarts

hat außer Haydn wohl am besten Goethe erfasst, der als Vierzehnjähriger den um sieben Jahre Jüngeren zum ersten Mal als Wunderkind am Klavier gesehen hatte; er entrüstete sich 1831 vor Eckermann: »Wie kann man sagen, Mozart habe seinen Don Juan komponiert! - Komposition! - Als ob es ein Stück Kuchen oder Biskuit wäre, das man aus Eiern, Mehl und Zucker zusammenrührt! - Eine geistige *Schöpfung* ist es, das Einzelne wie das Ganze aus einem Geiste und Guss und von dem Hauche eines Lebens durchdrungen, wobei der Produzierende keineswegs versuchte und stückelte und nach Willkür verfuhr, sondern wobei der dämonische Geist seines Genies ihn in der Gewalt hatte, so dass er ausführen musste, was jener gebot.«[65] Goethe muss die innere Verwandtschaft gespürt haben, daher nach Mozarts allzu frühem Tod auch das wehmütige Bedauern: »Mozart hätte den Faust vertonen müssen.«[66]

Von Ludwig van Beethoven (1770-1827) bekommen wir einen Eindruck durch Bettine Brentano. 1810, im Jahr vor ihrer Heirat mit Achim von Arnim, begleitete sie Schwester und Schwager auf eine Reise. Am 8. Mai traf sie in Wien ein und wohnte dort bei ihrer Schwägerin Antonie Brentano, die sie Ende Mai mit Beethoven bekannt machte. Folgt man Bettines eigenen Briefen und Erinnerungen, so begegnete sie Beethoven nur dreimal, ehe sie die Stadt am 3. Juni wieder verließ, um nach Prag weiterzureisen. Diese Begegnung jedoch sollte sie maßgeblich prägen. Bisweilen wurde sie sogar für Beethovens 'Unsterbliche Geliebte' aus dem berühmten Teplitzer Brief von 1812 gehalten, deren Identität bis heute im Dunkeln liegt.

Am 28. Mai 1810 schrieb Bettine aus Wien an Goethe: »Es ist Beethoven, von dem ich Dir jetzt sprechen will [...] Vor Dir kann ich's wohl bekennen, dass ich an einen göttlichen Zauber glaube [...] diesen Zauber übt Beethoven in seiner Kunst; alles, wessen er Dich darüber belehren kann, ist reine Magie [...] wie

Bettine Brentano 1810, dem Jahr ihrer Begegnung mit Beethoven, der hier zu sehen ist auf einer Bleistiftskizze von 1808.

ich ihn zum erstenmal sah, mich durchdrang ein Gefühl von Ehrfurcht, wie er sich mit so freundlicher Offenheit gegen mich äußerte, da ich ihm doch ganz unbedeutend sein musste; auch war ich verwundert; denn man hatte mir gesagt, er sei ganz menschenscheu und lasse sich mit niemand in ein Gespräch ein. Man fürchtete sich, mich zu ihm zu führen, ich musste ihn allein aufsuchen, er hat drei Wohnungen, in denen er abwechselnd sich versteckt, eine auf dem Lande, eine in der Stadt und die dritte auf der Bastei; da fand ich ihn im dritten Stock; unangemeldet trat ich ein, er saß am Klavier, ich nannte meinen Namen, er war sehr freundlich und fragte: ob ich ein Lied hören wolle, was er eben komponiert habe; - dann sang er scharf und schneidend, dass die Wehmut auf den Hörer zurückwirkte: ›Kennst du das Land?‹ - ›Nicht wahr, es ist schön‹, sagte er begeistert, ›wunderschön! Ich will's noch einmal singen‹, er freute sich über meinen heiteren Beifall. ›Die meisten Menschen sind *gerührt* über etwas Gutes, das sind aber keine *Künstler-*

naturen, Künstler sind feurig, die weinen nicht‹, sagte er. Dann sang er noch ein Lied von Dir, das er auch an diesen Tagen komponiert hatte: ›*Trocknet nicht Tränen der ewigen Liebe.*‹ - Er begleitete mich nach Hause und unterwegs sprach er eben das viele Schöne über die Kunst, dabei sprach er so laut* und blieb auf der Straße stehen, dass Mut dazugehörte zuzuhören, er sprach mit großer Leidenschaft und viel zu überraschend, als dass ich nicht auch der Straße vergessen hätte, man war sehr verwundert, ihn mit mir in eine große Gesellschaft, die bei uns zum Diner war, eintreten zu sehen. Nach Tische setzte er sich unaufgefordert ans Instrument und spielte lang und wunderbar, sein Stolz fermentierte zugleich mit seinem Genie; in solcher Aufregung erzeugt sein Geist das Unbegreifliche, und seine Finger leisten das Unmögliche.«[67]

Musikalische Feldforschung

Bettine liebte die Musik, nahm selbst Klavier-, Gitarren- und Gesangsunterricht, mit Goethe teilte sie selig ihren glühenden Forschereifer. Am 7. August 1808 schrieb sie dem väterlichen Freund: »Diesen Winter hatte ich eine Spinne in meinem Zimmer; wenn ich auf der Gitarre spielte, kam sie eilig herab in ein Netz, was sie tiefer ausgespannt hatte. Ich stellte mich vor sie und fuhr über die Saiten; man sah deutlich, wie es durch ihre Gliederchen dröhnte, wenn ich Akkord wechselte, so wechselten ihre Bewegungen, sie waren unwillkürlich; bei jedem verschiedenen Harpege wechselte der Rhythmus in ihren Bewegungen; es ist nicht anders - dies kleine Wesen war freudedurchdrungen oder geistdurchdrungen, solang´ mein Spielen währte; wenn´s still war, zog sie sich wieder zurück. Noch ein kleiner Geselle war eine Maus, der aber mehr der Vokalmusik geneigt war; sie erschien meistens, wenn ich die Tonleiter sang; je stärker ich

---

* Das laute Sprechen ist ein Zeichen zunehmender Schwerhörigkeit.
  Die letzten Jahre seines Lebens war Beethoven völlig taub.

den Ton anschwellen ließ, je näher kam sie; in der Mitte der Stube blieb sie sitzen; mein Meister hatte große Freude an dem Tierchen; wir nahmen uns sehr in acht, sie nicht zu stören. Wenn ich Lieder und abwechselnde Melodien sang, so schien sie sich zu fürchten; sie hielt dann nicht aus und lief eilends weg. Also die Tonleiter schien diesem kleinen Geschöpfchen angemessen, die durchgriff sie, und wer kann zweifeln: bereitete ein Höheres in ihr vor; diese Töne, so rein wie möglich getragen, in sich schön, die berührten diese Organe. Dieses Aufschwellen und wieder Sinken bis zum Schweigen nahm das Tierchen in ein Element auf.«[68]

Bis ins Alter hat die Musik im Leben Bettines eine große Rolle gespielt. Singend dichtete sie und dichtend sang sie. Sie selbst schuf Lieder und Duette mit Klavierbegleitung. Ihr eigenständiger, schöpferischer Umgang mit Musik hat Beethoven zutiefst beeindruckt. »Quartettabend bei Bettine«, Carl Johann Arnold um 1855.

Goethes wissenschaftliches Vermächtnis

Auch Goethe hatte große Freude am Musizieren, spielte sogar Cello und Klavier,»und gar nicht schlecht«, wie man ihm schon als Student bescheinigte. Neben ihren sinnlichen Qualitäten faszinierte ihn die Musik vor allem auch als geistiges und naturwissenschaftliches Phänomen. Schon während der Italienreise waren ihm musiktheoretische Einsichten wichtig gewesen. Seitdem waren Fragen dieser Art nie ganz verstummt. Besonders die um 1810 neben der *Farbenlehre* entworfene *Tonlehre* zeugen von seinen wissenschaftlichen Bemühungen. Die Übersicht in Form einer Art aufrollbaren Schullandkarte lag ihm so sehr am Herzen, dass er sie über dem Waschtisch in seinem Schlafzimmer anbringen ließ.

TONLEHRE

entwickelt die Gesetze des Hörbaren; dieses entspringt durch Erschütterung der Körper, für uns vorzüglich durch Erschütterung der Luft. Das Hörbare ist im weiten Sinne unendlich. Davon werden aber beseitigt: Geräusch, Schall und Sprache. Bleibt zu unserer nächsten Beschäftigung: das musikalisch Hörbare (der Klang). Dieses entspringt aus der materiellen Reinheit und dem Maße des erschütterten oder erschütternden Körpers. Um zu diesem Maße zu gelangen, nehmen wir erst einen klingenden Körper als ein Ganzes an. Der entschiedene Klang, den dieses Ganze von sich gibt, nennen wir einen Grundton. Das Ganze verkleint, gibt einen höheren, vergrößert, einen tieferen Ton. Wir können das Ganze auf eine stetige Weise nach und nach verkleinern. Hieraus entspringen keine Verhältnisse. Wir können das Ganze einteilen. Dies gibt Verhältnisse.

Hauptverhältnisse stehen voneinander entfernt (Akkorde). Zwischenverhältnisse füllen den Raum zwischen jenen aus bis zu einer Art von Stetigkeit (Skala). Auf diesen Stufen schreitet der Ton zur Höhe und Tiefe fort, bis er sich selbst wiederfindet (Oktave). Mehr ist für den Anfang nicht nötig. Das Übrige muß sich bei der Darstellung entwickeln, modifizieren und erläutern. - Die Lehre wird auf die ganze Erfahrung gegründet und in drei Abteilungen vorgetragen. - Das Musikalisch-Hörbare erscheint uns: organisch (subjektiv), mechanisch (gemischt), mathematisch (objektiv). Alles Dreies fällt zuletzt wieder zusammen, bequem durch die Kraft des Künstlers, schwerer durch wissenschaftliche Darstellung. ...[69]

Hier folgten tabellarisch fünf Spalten, in denen Goethe die Gesetze des Hörbaren ganzheitlich: mathematisch, mechanisch und organisch zu erfassen suchte. Goethes Idee, eine Tonlehre zu entwickeln, war schon früh entstanden. Im November 1791 schrieb er an Johann Friedrich Reichardt, den Komponisten vieler seiner Lieder: »Lassen Sie uns die Akustik gemeinsam angreifen! Diese großen Gegenstände müssen von mehreren, aber zu gleicher Zeit bearbeitet werden, wenn die Wissenschaft vorrücken soll.«[70] Mit dem Physiker Florens Chladni (geboren im selben Jahr wie Mozart, 1756) hatte Goethe persönliche und briefliche Unterredungen; dessen physikalische Erkenntnisse auf dem Gebiet formbildender Eigenschaften des Klangs sah er als Vorstufe zu einer tieferen Einsicht in physikalische, physiologische und psychologische Vorgänge beim Hören von Musik. Chladni nahm elastische Glasplatten, beschichtete diese mit Korkstaub und brachte sie zum Vibrieren, indem er die Ränder, ähnlich wie die Saiten einer Geige, mit dem Violinbogen anstrich. Dadurch geriet der aufgetragene Korkstaub in Bewegung und bildete schließlich eine bestimmte Figur. Chladni erzeugte dann Variationen dieser Figuren, indem er die Platten

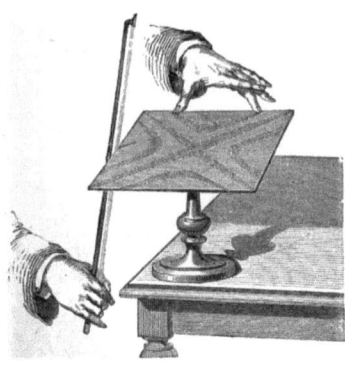

an einigen Stellen festklemmte oder mit den Fingern berührte. Auf diese Weise entstanden entsprechend der eingeschränkten Vibrationsfläche verschiedene Klangfiguren. Verwendete er unterschiedlich geformte Platten - kreisförmig, oval, quadratisch, rechteckig, dreieckig oder sechseckig - so ergaben sich natürlich auch jeweils andere Figuren.[71] Gewissermaßen war Chladni auf dem Weg, das Mysterium um den Urklang der Schöpfung anschaulich zu machen.

Wie sehr Ton und Schwingung die Materie beeinflussen, ist seit Langem bekannt. Beispielsweise wird Soldaten befohlen, den Gleichschritt zu unterbrechen, wenn sie über eine Brücke marschieren, um durch den rhythmischen Tritt die Konstruktionen nicht zu gefährden. Der Enkel von Felix Mendelssohn hat mehrere Jahre hindurch Versuche angestellt, um die Gewalt des Schalles zu erforschen. Er kam zu dem Schluss, dass, wenn wir den Grundton eines Gebäudes oder einer Brücke finden, wir sie zerstören können, indem wir diesen Ton lange und laut genug erklingen lassen. Ein eindrucksvolles Beispiel ist die Geschichte einer Musikkapelle, die vor Jahren außerhalb von Heidelberg in der Nähe einer alten Ruine probte. An einer gewissen Stelle des gespielten Stückes war ein langer, außergewöhnlich hoher Ton und während dieser erklang, geschah es, dass die Ruine mit großem Krachen zusammenstürzte.[72]

Goethe freilich beschäftigen mehr die aufbauenden Kräfte des Klanges. »Die Heilkraft der Musik, der tröstende und Genesung fördernde 'Götterwert der Töne' klingt als wiederkehrendes Motiv während seines ganzen Lebens an.«[73] Vor allem in der Musik Mozarts empfand er »eine zeugende Kraft« - insgesamt 280 Opern-Aufführungen fanden unter seiner Regie in Weimar statt, dies zu einer Zeit als Mozarts Bedeutung noch keineswegs allgemein anerkannt war.[74] Jedenfalls dürfte der Dichter Chladnis Klangexperimente zumindest im Hinterkopf gehabt haben, als er die folgenden Zeilen niederschrieb.

Tausend, abertausend Stimmen
Hör ich durch die Lüfte schwimmen,
Wie sie wogen, wie sie schwellen!
Mich umgeben ihre Wellen,
Die sich sondern, die sich einen,
Sie die ewig schönen, reinen.
Wie sie mir ins Ohr gedrungen,
Wie sie sich ins Herz geschlungen,
Stürmen sie nach allen Seiten,
Von der Nähe zu den Weiten,
Berghinan und talhernieder,
Und das Echo schickt sie wieder.

Goethe aus dem Prolog zur Eröffnung
des Berliner Schauspielhauses 1821[75]

Lieder

Auch herzliches Singen kann ausgesprochen heilsam sein. So empfiehlt Goethe in seiner Rezension von *Des Knaben Wunderhorn*, einer 1805-1808 von Achim von Arnim und Clemens Brentano herausgegebenen Sammlung »alter deutscher Lieder«: »Von Rechts wegen sollte dieses Büchlein in jedem Hause, wo frische Menschen wohnen, am Fenster, unterm Spiegel oder wo sonst Gesang- und Kochbücher zu liegen pflegen, zu finden sein, um aufgeschlagen zu werden in jedem Augenblick der Stimmung oder Unstimmung, wo man denn immer etwas Gleichtönendes oder Anregendes fände [...] Würden dann diese Lieder nach und nach in ihrem eigenen Ton- und Klangelemente von Ohr zu Ohr, von Mund zu Mund getragen, kehrten sie allmählich belebt und verherrlicht zum Volke zurück, von dem sie zum Teil gewissermaßen ausgegangen ...«[76]

Herder, der als erster angefangen hatte Volkslieder zu sammeln, konnte den fünf Jahre jüngeren Goethe bereits während der Studentenzeit in Straßburg (1770-1771) für die Volkspoesie begeistern. Oft ritt Goethe ins damals noch dörfliche Elsass, um Lieder »aus den Kehlen der ältesten Mütterchen aufzuhaschen.« Zurück zum Gefühlvollen, Einfachen, Wahrhaftigen hieß die Maxime nach der vom Verstand dominierten Aufklärung. Die Natürlichkeit des Volksliedes lebendig zu erhalten, entsprang der tiefsten Seele des Romantikers. Noch ein halbes Jahrhundert später ist Goethe davon überzeugt: »Der Gesang selbst muss auf die simple Sprache zurückkehren, wenn er höchst bedeutungsvoll und rührend werden soll.«[77]

Seinen größten und genialsten Meister feiert das romantische Lied in Franz Schubert (1797-1828). Der Durchbruch gelang ihm mit der Vertonung von Goethes Ballade *Erlkönig*, Schuberts offizielles »Opus 1«. Das Neue an solchen Gedichtvertonungen, den sogenannten *Kunstliedern,* war, die Stimmung des Textes musikalisch möglichst differenziert darzustellen. Gesangs- und Klavierstimme gewannen an Komplexität. Als erstes Beispiel gilt *Gretchen am Spinnrade* (1814), in dem die ruhelos laufende Begleitung den Rhythmus des Rades beim Spinnen anzeigt. In dramatisch unheimlicher Steigerung ist solche Lautmalerei im *Erlkönig* erkennbar, im Galopp des nachts heimwärts eilenden Pferdes. Die Musik ist somit nicht mehr bloße Zutat zum Text, sondern integraler illustrierender oder kommentierender Bestandteil der Geschichte.[78] Im späten 18. Jh. entstanden, grenzt sich das Kunstlied im Laufe seiner Entwicklung mehr und mehr von dem zunächst populäreren Volkslied ab. Schubert komponierte über 600 Kunstlieder, die ersten noch im Kindesalter.[79]

»Mein Sohn, was birgst du so bang dein Gesicht? – / Siehst, Vater, du den Erlkönig nicht?/Den Erlenkönig mit Kron' und Schweif?/ Mein Sohn, es ist ein Nebelstreif...«
Die Unheimlichkeit unbewusster Gefühlstiefen traf ganz den Nerv der Romantik. Der Text wurde sehr schnell beliebt. Carl Loewe, Beethoven, Reichardt, Zelter und viele andere Komponisten lockte das Thema. Am berühmtesten wurde die Vertonung Schuberts, dabei hatte Goethe gerade dessen Werk unkommentiert zurücksenden lassen. Illustration der Ballade: Moritz von Schwind, 19. Jahrhundert.

»Schubertiade« in der großen Wiener Wohnung des Autors Ignaz Sonnleithner. Szene von Schuberts Freund Moritz von Schwind aus der Erinnerung gezeichnet, 1868.

Schubert ist als ein sehr zurückhaltender und bescheidener Künstler in die Geschichte eingegangen. So schreibt sein Biograf Heinrich Kreissle von Hellborn: »Es hat aber vielleicht außer ihm keinen großen Tondichter gegeben, dessen äußere Existenz von der Kunst so gänzlich losgelöst, und in keiner Beziehung zu derselben gestanden hat.«[80] In elegante Wiener Kreise gezogen, die er »nur betrat, um aus Gefälligkeit seine Lieder zu begleiten, war er schüchtern und wortkarg. Während er am Klavier saß, machte er das ernsthafteste Gesicht, und war die Sache zu Ende, so pflegte er sich in ein Nebenzimmer zurückzuziehen. Unbekümmert um Lob und Beifall, wich er den Komplimenten aus, und fühlte sich befriedigt, wenn ihm seine Freunde ihre Zustimmung bezeugten.«[81]

Im vertrauten Kreis der Freunde, zu denen Kunstschaffende wie die Dichter Johann Mayrhofer und Franz von Schober, der Maler Moritz von Schwind und der Schriftsteller Franz Grillparzer gehörten, taute er dann auf. *Schubertiaden* nannten die

Freunde Schuberts ihre regelmäßigen Zusammenkünfte zum Zwecke der Geselligkeit, aber auch mit dem Ziel ambitionierter künstlerischer Auseinandersetzung. Ähnliche Salons waren zu Beginn des 19. Jahrhunderts in ganz Europa in Mode.

»Sie spielt wie ein Mann« (Zelter*)

Auch Robert Schumann, Felix Mendelssohn Bartholdy und Carl Loewe schrieben viele Lieder. Fanny Mendelssohn Bartholdy (später Hensel), die ebenfalls nahezu 500 Lieder schuf, konnte sich durchaus mit ihrem Bruder messen. Sie war eine begnadete Komponistin und Pianistin, galt sogar als das begabteste der vier Mendelssohn-Kinder. Ihr Pech war nur, sie war eine Frau. Eine anständige Frau meidet den öffentlichen Auftritt, hieß es, und so musizierte Fanny viele Jahre nur im privaten Rahmen. Einmal bekannte sie:»Komponiert habe ich in diesem Winter rein gar nichts. Was ist auch daran gelegen, kräht ja doch kein Hahn danach ...«[82] Die Chance zu zeigen, was in ihr steckt, bot sich erst, als ihr Bruder Felix zwei Jahre auf Reisen ging.1831 wurde Fanny mit der Gestaltung der beliebten *Sonntagsmusiken* betraut, die die Familie in ihrem Berliner Palais veranstaltete, wie auch mit der Kompositions-, Chor- und Orchesterleitung. Das außerordentliche Niveau dieser Darbietungen, die Fanny bald auch als Bühne für ihre eigenen Werke nutzte, war derart, dass sie die berühmtesten Persönlichkeiten der preußischen Hauptstadt in ihrem Elternhaus versammeln konnte. Franz Liszt, Clara Schumann, Wilhelm von Humboldt, Georg Friedrich Hegel und Heinrich Heine, Bettine von Arnim und viele andere gehörten zu ihren Gästen.[83] Die neugewonnene Anerkennung förderte Fannys musikalisches Schaffen enorm. Im Alter von 41 Jahren, ihrem letzten Lebensjahr, fand sie endlich den Mut, mit der Drucklegung ihrer Werke zu beginnen.

*Zelter über die frühere Kompositionsschülerin Fanny Hensel im Brief an Goethe,18.2.1831.[84]

Statussymbol Klavier

Fanny Hensel prägte den Ausspruch »mit den Fingern singen«. Das Klavier wurde zum hauptsächlichen Hausinstrument des 19. Jh. Es gab kaum einen Haushalt oberhalb eines gewissen Einkommens, in dem kein Klavier stand. Der neuartige Gusseisenrahmen machte es lauter und ausdrucksstärker und hielt die Stimmung länger. Außerdem erleichterte die Entwicklung des kleinen aufrechten Klaviers, des Pianinos, um 1800 die Unterbringung in normal großen Wohnungen; im Gegensatz zum platzaufwendigeren und klanglich benachteiligten Tafelklavier.

Es gab nicht nur ein großes Angebot an Werken für Soloklavier, sondern auch zahlreiche Arrangements populärer zeitgenössischer Instrumentalstücke und Opern für vier Hände und Klavierduos. Vor Erfindung der Aufnahmetechnik war dies der wichtigste Weg, neue Werke einem breiteren Publikum bekannt zu machen.[85] Im Jahre 1833 veröffentlichte Frédéric Chopin als Opus 10 den ersten Band seiner Etüden. Ludwig Rellstab rät an, »... dass, wer verrenkte Finger hat, sie an diesen Etüden vielleicht wieder ins Gerade bringt, wer nicht, sich aber sehr davor hüten und sie nicht spielen muß, ohne Herrn von Gräfe oder Diefenbach in der Nähe zu haben«. Gräfe und Diefenbach sind zwei Berliner Ärzte, »die überhaupt, wenn diese Art Klavierspiel in Mode kommt, als Assistenten berühmter Klavierlehrer vielleicht eine ganz neue Praxis bekommen könnten.«[86]

Kein anderer der großen Komponisten hat sich so ausschließlich dem Klavier gewidmet wie Chopin, der, obwohl er kaum öffentlich auftrat, zu den bedeutendsten Schöpfern seiner Epoche zählt. Er bevorzugte die zarten, leichtbeweglichen Instrumente des Ignaz Pleyel und pries sie als das Nonplusultra. Die Werke spiegeln seine Behandlungsweise der Tasten, die Fülle neu erfundener technischer Effekte, dazu traten zahlreiche Nuancen der Pedalisierung und der Verlängerung oder Verkürzung im Spielen von Tönen, die ein noch so sorgsames Notenbild kaum festzuhalten vermag. Chopin galt als geduldiger und ernstlich bemühter Lehrer, aus dessen Unterricht wirkliche Talente lebenslang Gewinn zogen. Er wusste auf dem Klavier die Sprache des Unbegrenzten zu sprechen. »In zehn kinderleichten Zeilen hat er oft Gedichte von unerreichbarer Höhe geschaffen, Dramen, deren Kraft und Energie keinen Rivalen kennen. Um seinem Genius Ausdruck zu verleihen, brauchte er den großen Aufwand orchestraler Panzerung nicht«[87], so George Sand über die berückende Tastenzauberei des Geliebten.

Chopin gab in seinem ganzen Leben ungefähr so viele Konzerte wie Franz Liszt in seiner besten Zeit in einem einzigen Monat. In den Jahren 1838 bis 1847 konzertierte Liszt etwa dreitausendmal in Europa. Er füllte die Säle wie nie ein einzelner Musiker vor ihm und erspielte sich auf dem Klavier ein Vermögen.[88] Von seiner Großzügigkeit profitierte sein Freund und späterer Schwiegersohn Richard Wagner, ein Pumptalent, das ewig pleite war.

Franz Liszt, der gefeierte Superstar, der die Damen mit seinem Charisma in ekstatische Verzückung versetzte. Karikatur von 1842.

Wagner: Inbegriff des romantischen Genies

Was Schubert an Bescheidenheit, war Wagner an Egozentrik und Maßlosigkeit. In kleinem Maßstab dachte Wagner nie. Seine Werke reichen von den gewaltigen Opernspektakeln *Der Fliegende Holländer* und *Tannhäuser* bis zum bahnbrechenden, mythologisch geprägten vierteiligen Musikdrama *Der Ring der Nibelungen* und dem sinnlichen Mystizismus des von Wagner als »Bühnenweihfestspiel« bezeichneten *Parsifal*.

Mitte des 19. Jh. entstanden zwei wichtige Essays, *Das Kunstwerk der Zukunft* und *Oper und Drama*, in denen Wagner aufgrund seiner Begeisterung für das griechische Drama und der Schriften Schopenhauers die Idee des Gesamtkunstwerks entwarf, das alle Künste in einer einzigen dramatischen Form, dem Musikdrama, vereinen sollte. Mit dem 1874 vollendeten Zyklus des Rings nach Motiven aus dem Nibelungenlied, der die Opern *Die Walküre*, *Siegfried*, *Götterdämmerung* sowie das Vorspiel *Das Rheingold* umfasst, rückte das langersehnte Ziel in greifbare Nähe. Zur Vollendung des Projekts gehörte natürlich auch das maßgeschneiderte Theater dazu. Ein Wink seines guten Dämons hatte Wagner nach Bayreuth geführt.

Wagner ging es vor allem darum, für den »Bau nur das rein Zweckmäßige und für die Erreichung der Absicht Nötige zur Ausführung zu bringen: Zweck und Absicht lagen hier aber einzig in dem Verhältnis des inneren Zuschauerraumes zu einer Bühne, welche in den größten Dimensionen zur Herrichtung einer vollendeten Szenerie bestimmt war.«[89] Das Orchester wurde so tief in den Orchestergraben versenkt, dass der Zuschauer, ohne einen Musiker zu sehen, freien Blick auf die Bühne hatte. »Hiermit war sofort entschieden, dass die Plätze der Zuschauer nur in einer gleichmäßig aufsteigenden Reihe von Sitzen bestehen konnten, deren schließliche Höhe einzig durch die Möglichkeit, von hier aus das szenische Bild noch deutlich wahrnehmen zu können, seine Bestimmung erhalten musste […] Somit gewann die Aufstellung unserer Sitzreihen den Charakter der Anordnung des antiken Amphitheaters.«[90]

Damit wirklich jeder Besucher einen unmittelbaren Blick auf die Bühne hatte, hatte sich Bühnenmeister Carl Brandt einen perspektivischen Trick ausgedacht. Er stellte hinter dem üblichen Bühnenrahmen einen etwas kleineren auf, und dieses doppelte Proszenium bewirkte »die wundervolle Täuschung eines scheinbaren Fernrückens der eigentlichen Szene, welche darin bestand, dass der Zuschauer den szenischen Vorgang sich weit entfernt wähnt, ihn nun aber doch mit der Deutlichkeit der wirklichen Nähe wahrnimmt; woraus dann die fernere Täuschung erfolgt, dass ihm die auf der Szene auftretenden Personen in vergrößerter, übermenschlicher Gestalt erscheinen.«[91]

Der zwischen Zuschauerraum und Szene liegende Orchestergraben aber gewann so eine symbolische Bedeutung. Er hatte »Die Realität von der Idealität zu trennen«, die Musik gleichsam aufsteigend wie die berauschenden Dämpfe der Pythia, und wurde deshalb der »mystische Abgrund« genannt. »Über den größten Teil des 'mystischen Abgrundes' und mithin über dem Orchester wölbt sich ein Schalldeckel. Der Orchesterklang wird unter diesem Schalldeckel gemischt und wie eine Welle auf die Bühne getragen, wo er sich den Stimmen der Sänger und Sängerinnen unterlegt und mit ihnen verschmolzen in den Zuschauerraum flutet. Diese akustische Rückkoppelung ist der Grund für den einzigartigen Zusammenklang von Stimmen und Orchester im Bayreuther Festspielhaus.«[92]

Im August 1876, als die ersten Festspiele stattfanden, lagen die Nerven bei allen Beteiligten blank, niemals zuvor hatte eine Opernproduktion soviel Publicity bekommen. Wagner verlangte seinen Darstellern einiges ab. Bei den Proben sprang er ständig zwischen ihnen herum, riss ihnen die Requisiten aus der Hand, übernahm mehrere Rollen gleichzeitig, sang und spielte alles vor. Die Rheintöchter mussten über eine Leiter ein mechanisches Schwimmgestell erklimmen, auf dem Bauch liegend singen und dabei mit den Armen rudern. Sie weigerten sich. Ihnen sei schwindlig. Schließlich erschien Wagner und scheuchte die Damen hinauf. Ein Mann saß am Steuer des fahrbaren Gestells, einer kurbelte die Sängerinnen mittels einer Hebevorrichtung auf und ab, und Wagners Assistent Felix Mottl gab, versteckt zwischen den gemalten Wellenbergen, die Einsätze. Lilli Lehmann, die Wellgunde, schreibt in ihren Erinnerungen: »Noch immer höre ich Floßhildens Ruf: ›Mottl, ich spucke Ihnen auf den Kopf, wenn sie mich nicht ruhig halten!«[93]

Gemessen an der Wucht seiner Werke, ist man geneigt, sich Wagner als hünenhaften Siegfried vorzustellen. Doch Wagner war von kleiner Gestalt, irgendwo zwischen 166,5 Zentimetern, die widerlegt sind, bis zu 151 Zentimetern, die sicher falsch

Schwimmgestelle der Rheintöchter während der ersten Bayreuther Festspiele 1876.

Georg Papperitz: »Wagner in der Villa Wahnfried«. Vorne links Wagners zweite Frau Cosima mit dem gemeinsamen Sohn Siegfried. Schwiegervater Liszt am Klavier. An der Wand ein Gemälde des kunstsinnigen Bayernkönigs Ludwig II.

sind. Für seine Gönner und Bewunderer, an erster Stelle König Ludwig II. von Bayern, jedenfalls zählte die Größe des Genius, und die übertraf bei Weitem die Hochstapelei in Wagners Pass.

Die Romantik war eine höchst kreative Zeit und setzte Impulse, die bis in unsere Zeit hinein wirken. Künstler postulierten die Überlegenheit des Geistes, der Fantasie, forderten die Überschreitung der Grenzen, die Erweiterung des Bewusstseins und huldigten der poetischen Schöpferkraft. Allerorten fanden sich Gleichgesinnte zusammen, um sich gegenseitig zu inspirieren. Was Weimar einst für Goethe und seinen Freundeskreis, wurde Bayreuth für die musikalische Romantik. Als Wagner 1874 mit Frau und Kindern die schmucke Villa Wahnfried, ein großzügiges Geschenk König Ludwigs, bezog, um mit den ersten Proben des Rings zu beginnen, sammelten sich im Nu eine Reihe hochbegabter junger Musiker um ihn. *Nibelungen-Kanzlei* wurde die von Wagner zusammengestellte Truppe genannt, die den ersten Stock des Gasthauses *Weißes Lamm* bezogen hatte. Das Team machte schnell und präzise die verschiedensten Abschriften, Reinschriften von Partituren, Klavierauszüge und übernahm nach und nach auch Probearbeiten und Regieassistenzen.[94] Zu den Kanzlisten gehörten weltberühmt gewordene Größen wie Engelbert Humperdinck, Komponist der Oper *Hänsel und Gretel* oder die Dirigenten Anton Seidl, Hermann Zumpe und Felix Mottl. Wagner lud seine Assistenten mindestens einmal in der Woche zum gemeinsamen Musizieren nach Wahnfried. »Sie behaupteten, hierbei einzig etwas zu lernen, jedenfalls mehr als in den teuer ausgehaltenen Konservatorien.«[95] So Wagner in einem Brief an König Ludwig.

Richard Wagner prägte nachhaltig den Dirigierstil. Er dirigierte auswendig und unterstrich die Emotionalität der Musik durch Mimik und Gestik. Unterdessen behielt er die Musiker im Auge, ein jeder fühlte sich von ihm angesprochen. »Vorübergehend setzt er mit dem Taktschlagen aus, um einer melodischen Linie das 'Sprechende' zu verleihen. Aber dann versteht er es, die Musiker mit seinem Stab zu bannen und zum zartesten Pianissimo, zu Ausbrüchen der Verzweiflung, der Begeisterung mitzureißen.«[96] Gustav Adolph Kietz in seinen Erinnerungen. Schattenriss von Wilhelm Bithorn.

V
Moderne

Globaler Austausch
und Kontraste

Harmonische Beziehungen einzugehen ist
jedenfalls nicht nur das Ziel der Musik. Es
ist das Ziel von Atomen und Molekülen, von
planetaren Umlaufbahnen, von Zellen und
Herzen, von Gehirnwellen und Bewegungen,
von Fisch- und Vogelschwärmen, und vor
allem: von Menschen.

Joachim-Ernst Berendt
aus »Nada Brahma«,1983[97]

Impressionen

In den letzten Jahrzehnten des 19. Jh. standen Komponisten in ganz Europa unter dem Bann Wagners, vor allem in den deutschsprachigen Ländern, so der österreichische Sinfoniker Anton Bruckner und der deutsche Opern- und Orchesterkomponist Richard Strauss. Richard Wagner gilt als der Erneuerer schlechthin. In seinem Musikdrama »Tristan und Isolde« (1865), das wie keine andere Oper vorher die inneren Zustände der Protagonisten beschreibt und Schichten des Unbewussten freilegt, sehen viele Musikforscher heute den Anfang der Moderne; insbesondere im berühmten Tristan-Akkord, »einem Akkord, dessen Tendenz unklar bleibt, der das Triebleben der Klänge stört und von dem sich die Experten bis heute nicht einig sind, ob man ihn auf a-Moll oder auf fis-Moll beziehen soll.«[98]

Die Franzosen dagegen sind sich einig: Die Moderne beginnt 1894 mit Claude Debussys »Nachmittag eines Fauns«, zehn Minuten Orchesterbegleitung für Vaslav Nijinskys gleichnamiges Ballett. Um ein Missverstehen seines Werks als Programmmusik von vornherein auszuschließen, ließ Debussy dem Publikum folgende Mitteilung übergeben: »Die Musik dieses Vorspiels ist eine ganz freie Interpretation des schönen Gedichts von Mallarmé. Sie will es keinesfalls resümieren. Es handelt sich vielmehr um aufeinander folgende Stimmungsbilder, in denen sich die Begierden und Träume des Fauns an einem heißen Nachmittag spiegeln. Müde der Jagd auf ängstlich fliehende Nymphen und Najaden, überlässt er sich schließlich dem betäubenden Schlummer, der seine Träume von der totalen Macht in der allumfassenden Natur erfüllt.«[99]

Im November 1900 werden Debussys *Nocturnes* uraufgeführt, drei Stücke, in deren Mittelpunkt wieder die Natur steht, diesmal inspiriert von einem abstrakten goldfunkelnden Nacht-

Mallarmé griff mit seinem Gedicht »L'après-midi d'un faune« den antiken Mythos vom tierhaften Hirtengott Pan und der keuschen, vor Pan flüchtenden Nymphe Syrinx auf. Die Nymphe ließ sich in ihrer Not in Schilfrohr verwandeln. Aus den Halmen fertigte Pan seine berühmte Flöte. Magnus Enckells Bild zeigt Mallarmés gerade erwachten Faun zwischen Leidenschaft und schläfriger Mattigkeit, 1914.

himmel des amerikanischen Malers James McNeill Whistler. Debussy will Neues schaffen, setzt Harmonien und Klänge mit Farben gleich. Die verschiedenen Farben kann er nun miteinander kombinieren und mischen. »Der Titel Nocturnes will hier in allgemeiner und vor allem mehr dekorativer Bedeutung verstanden werden«, erklärt Debussy. »Es handelt sich hier also nicht um die übliche des Nocturno, sondern um alle Eindrücke und speziellen Beleuchtungen, die in diesem Wort enthalten sein können. Nuages: Das ist der Anblick des unbeweglichen Himmels mit dem langsamen und melancholischen Zug der Wolken, zuletzt ein graues Verlöschen, mit sanften weißen Tönungen. Fêtes: das ist die Bewegung, der tanzende Rhythmus der Atmosphäre mit grell aufblitzendem Licht; es ist auch die visionäre, blendende Episode eines Aufzugs von phantastischen Gestalten, der sich durch das Fest bewegt und in ihm verschwindet; aber das Grundmotiv bleibt hartnäckig bestehen, und es ist immer das Fest und seine Mischung von Musik und leuchtendem Staub, die am Gesamtrhythmus teilhat. Sirènes: das ist das Meer und sein unendlicher Rhythmus; dann erklingt, lacht und vergeht aus den vom Mondlicht versilberten Wellen der geheimnisvolle Gesang der Sirenen.«[100] Debussys Musik bietet keine Kontraste, klingt atmosphärisch, flüchtig. Kein Wunder, dass Debussy spätestens ab jetzt mit dem Impressionismus in Verbindung gebracht wird.

Die Kunst gehört dem Unbewussten

Mit moderner Malerei hat auch das Werk Arnold Schönbergs (1874-1951) vieles gemeinsam. Er war nicht nur einer der einflussreichsten Komponisten und Musiktheoretiker des frühen 20. Jh., sondern auch Dichter und Maler. Anfang 1911 schrieb der malende Komponist dem musikbegeisterten Maler Wassily Kandinsky:»Jede Formung, die traditionelle Wirkungen anstrebt, ist nicht ganz frei von Bewusstseins-Akten. Und die Kunst gehört aber dem Unbewussten! Man soll sich ausdrücken! Sich unmittelbar ausdrücken! Nicht aber seinen Geschmack oder seine Erziehung oder seinen Verstand, sein Wissen, sein Können. Nicht alle diese nichtangeborenen Eigenschaften. Sondern die angeborenen...« Worum es letztlich geht, ist, »dass der Künstler einmal dahin gelangt, in den Rhythmen und Tonwerten nur den Ausdruck innerer Vorgänge, innerer Bilder zu wünschen.«[101]
Aufgrund der umfangreichen Bemühungen Kandinskys Arnold Schönberg für den expressionistischen Almanach »Der Blaue Reiter« zu gewinnen, fand ab jenem Jahr ein reger Briefwechsel

Mit den Malern Alexej Jawlensky und Helmuth Macke besuchte Kandinsky 1911 ein Konzert von Arnold Schönberg in München. Unter dem Eindruck der neuartigen Musik entstand kurz darauf das abstrakte Gemälde »Impression III (Konzert)«.

zwischen beiden Künstlern statt. Schönberg verfasste nicht nur einen umfassenden theoretischen Beitrag für das geplante Jahrbuch, sondern es »entstand die Freundschaft zweier Männer, die kurz zuvor die traditionelle Musik entgrenzt, die gegenständliche Malerei hinter sich gelassen, die Perspektive aufgelöst hatten.«[102] Die intensive Korrespondenz gewann in den darauffolgenden Monaten immer mehr an Bedeutung und Intensität, sowohl in Bezug auf Kandinskys immer abstrakter werdende Kunst als auch auf Schönbergs atonale Klänge. Von einem Reporter angesprochen auf die »Ungewohntheit« seiner Harmonien (andere wollten ihn schon in die Irrenanstalt einliefern) antwortet Schönberg 1912 nach der Aufführung seiner sinfonischen Dichtung *Pelleas und Melisande* in Prag: »Mir klingen auch Dissonanzen nicht hässlich. Überhaupt gibt es für mich zwischen Dissonanz und Konsonanz nur einen graduellen Unterschied, es handelt sich immer nur um Übergänge.« Und an anderer Stelle: »Würde ich denn, wenn ich mit Worten sagen könnte, was ich fühle, die Töne wählen? Natürlich verbindet sich mir mit dem Geschaffenen eine Assoziation von konkreten Vorstellungen, aber die mag bei jedermann anders sein, und wer weiß, ob sie nicht gerade komplementär ist wie bei den Farben, wo die rote Farbe im Auge das Grün hervorruft. Wer mich versteht, der versteht mich ohne Worte. Erinnern Sie sich, was Schopenhauer von der Musik sagt? Die Musik ist eine Oper; zu der die Welt der Text ist, ungefähr; glaube ich. Das ist mir das Herrlichste an der Musik, dass sie dem Schöpfer bei aller Aussprache erlaubt, verschlossen zu bleiben, sein innerstes Geheimnis nicht zu offenbaren als eben durch die Musik, die nur der Gleichgestimmte versteht.«[103]

Strawinsky: Volksmusik als befruchtende Kraft

Auch Igor Strawinsky, 1882 bei St. Petersburg geboren, irritierte mit extrem ungewohnten Tönen. 1913 arbeitete er in Paris mit dem russischen Maler Nicholas Roerich und dem Startänzer Vaslav Nijinsky an einem Ballett, das im heidnischen Russland spielt: *Le sacre du printemps,* über eine junge Frau, die sich der Erde zum Opfer bringt. Die Uraufführung am 29. Mai im Théatre des Champs-Elysées sorgte für einen Skandal. Erst wurde gelacht, dann gepfiffen, schließlich kam es zu Handgreiflichkeiten, dass sogar die Polizei einschreiten musste. Etwas wie *Le Sacre* hatte man nie zuvor gehört: ein brachialer Klang, eine von Dissonanzen strotzende Partitur, wilde, nie gehörte Rhythmen. Der Musikwissenschaftler Hans Mersmann spricht vom »Durchbruch der Elemente«. »Überall wo in der Musikgeschichte ein neuer Stil mit großer Gewalt durchbricht, steht am Anfang ein Triumph der reinen Kraft. Eine Grenze ist durchstoßen, eine Mauer eingerissen, Bindungen haben sich gelöst. In diese Öffnung brechen nun junge lebendige Kräfte ein. Sie reißen mit sich fort, überschwemmen, überfluten. Überall gibt es an solchen Stellen einen *Sturm und Drang*.«[104]

Paradoxerweise ist gerade »Le sacre« diejenige Komposition, die tiefer in der Tradition wurzelt als alle anderen Werke Strawinskys. Bereits seit der zweiten Hälfte des 19. Jh., war, auch als Reaktion auf die Dominanz Wagners, europaweit der Ruf nach Erneuerung nationaler Traditionen erschollen. Zudem hatte die Weltausstellung im Jahr 1900 in Paris dem kolonialen Blick auf das »Andere« eine authentische Konkurrenz an die Seite gestellt: Tanztruppen und Musikensembles aus dem Nahen und Fernen Osten gaben reale Einblicke in fremde Kulturen und inspirierten dabei durch fremdartige Rhythmen und Klänge besonders die Künstler der Avantgarde.

Posierende Ballettmädchen vor der Premiere. »Le sacre du printemps« reiht verschiedene Tänze wie in einem großen archaischen Frühlingsritual aneinander. Diese werden von den verschiedenen Gruppen der Gemeinschaft ausgeführt, von Jungen und Alten, von Männern und Frauen. Das Geschehen steigert sich bis zum Tanz der Auserwählten, jener Jungfrau, die schließlich geopfert werden soll.

»Volksmusik als befruchtende Kraft ist ein zeitlos wirkendes Prinzip der Musikgeschichte. Gerade an jenen Stellen wird ihr Einfluss mit besonderer Deutlichkeit sichtbar, wo eine Stilentwicklung der Kunstmusik zu Ende geht. Meist ist es dann das Volkslied, dessen Wendungen in die erschöpfte Melodik eines zerfallenen Stils eindringen und zum Symbol einer neuen, jungen Kraft werden.«[105] Bei Strawinsky aber wird durch das wilde Nebeneinander folkloristischer und modernistischer Passagen die Volksmusik international. Der Überraschungscoup auf Paris machte ihn endgültig zur Berühmtheit. Als kosmopolitischer Russe war Strawinsky sowohl im Westen als auch in seiner Heimat einer der bedeutendsten Komponisten des 20. Jh.

Igor Strawinsky (sitzend vor Debussy) war ein Weltmusiker, der sich bei seinen Kompositionen von unterschiedlichsten Volksmusiken inspirieren ließ. Elemente aus dem italienischen Barock ließ er ebenso einfließen wie russische Volksweisen, europäische oder amerikanische Tänze. Dabei orientierte er sich am damaligen Mainstream allenfalls insoweit, als dass er permanent Grenzen überschritt und sich in kein Korsett zwängen ließ. Ein absoluter Erfolg war bereits die aus der russischen Märchenwelt inspirierte Ballettmusik »Der Feuervogel« (1910), in seiner wilden, schillernden Pracht getanzt von Tamara Karsavina, der Klabund als Zeichen seiner Verehrung darauf ein Gedicht widmete.

Jazz: Der Puls des Lebens

Nach dem Schrecken und der Zerstörung des zweiten Weltkriegs erschienen viele Komponisten, die als Vorreiter der europäischen Musik gegolten hatten, wie Relikte einer für immer vergangenen Welt. Wichtige Künstler wie Strawinsky und Schönberg waren in die USA ausgewandert. Dort trafen sie auf eine florierende Musikkultur, die weniger mit der Vergangenheit verbunden war.[106]

Amerika war generell Experimenten gegenüber offener. In den ersten zwei Dritteln des 20. Jahrhunderts war Jazz die bestimmende musikalische Kraft und hinterließ seine Spuren in einer großen Zahl künstlerischer Stilrichtungen. Möglicherweise ist der Begriff abgeleitet von der schönsten Sache der Welt und rührt von den Namen alter afrikanischer Tänze. Jedenfalls geht es um sprühende Energie, Dynamik und Vitalität. Die Ursprünge des Jazz liegen zum einen im Blues, in den Worksongs, den Spirituals und Gospels der afroamerikanischen Sklavenarbeiter, aber auch in den von europäischen Einwanderern mitgebrachten Volksmusiken. Beide Einflüsse führen zurück zu den Wurzeln, in eine Zeit, als Schlaginstrumenten noch eine magische Bedeutung beigemessen wurde, vornehmlich dem Bösen zu wehren und das Unheil fernzuhalten. In New Orleans war Jazz denn auch eine »good time music«, um die Leute glücklich zu machen. Dort spielten viele afroamerikanische und kreolische Bands Instrumentalversionen populärer Balladen und Tänze auf Trompeten, Kornetten und Posaunen zu Klarinetten und Schlagzeug; meist billig erworbene Instrumente aus dem Fundus aufgelöster Armee-Kapellen. Die Musik enthielt oft Elemente traditioneller afrikanischer Musik wie Call-and-Response-Abschnitte und knurrende, raue Vokaltexturen. Man spielte aus dem Gedächtnis, pur aus dem Bauch, grundsätzlich ist der Rhythmus das tragende

*Buddy Bolden (stehend, zweiter von links) soll der legendäre allererste Band-
leader des Jazz gewesen sein. Hauptberuflich war er Barbier und Besitzer eines
Barbierladens, auch wenn er abends und an Wochenenden mit seiner Band spielte.
Das angejahrte Foto wurde zwischen 1900 und 1906 aufgenommen.*

Element.

»He's got soul« heißt es. Ein Stück vom erdigen Groove
Afrikas lebt wohl in jedem Jazzmusiker. Und auch ein großes
Stück afrikanische Seele. Der Trompeter Miles Davis sagte ein-
mal über seine verstorbenen Kollegen »Monk, Mingus, Freddie
Webster und Fat Girl. Wenn ich an sie denke, könnte ich
verrückt werden, deshalb versuche ich es zu vermeiden. Aber
ihre Geister sind in mir, also leben sie noch und teilen sich
durch mich anderen mit. Alles, was ich von ihnen gelernt habe,
steckt in mir. Musik hat was mit Spiritualität, mit Geist und
Gefühl zu tun. Und für mich lebt ihre Musik noch, verstehst du?
Was wir gemeinsam gespielt haben, das muss irgendwo in der
Luft schweben, denn dorthin haben wir's geblasen.«[107]

Weltmusik: Die Vermählung der Kulturen

Die Moderne und ihre Musik ist die Geschichte des globalen Austauschs. Mit den Modetänzen aus der Karibik und Südamerika kommen in den 1920er und 1930er-Jahren neue Rhythmen in den Westen. Die Antikriegsbewegungen der 1960er-Jahre und das Interesse an spirituellen Werten führen zur Übernahme von Elementen friedliebender östlicher Philosophien. Andersherum macht die Massenproduktion von Schallplatten und Kompaktkassetten anderen Ländern westliche Musik zugänglich. Fortan wird gemischt, was sich mischen lässt, summa summarum entsteht als interkulturelles Gemeinschaftsprodukt die »World Music«, ein Begriff 1987 von ein paar Londoner Plattenproduzenten eingeführt.

Tatsächlich ist die Weltmusik weit älter. Schon von den großen Entdeckern, die ab dem 15. Jahrhundert die Weltmeere bereisten, heißt es, die musizierenden Matrosen seien die Ersten gewesen, die mit den Menschen der neu gefundenen Länder und Inseln in eine Kommunikation zu treten verstanden. Bereits der deutsche Musikwissenschaftler George Capellen schrieb 1906: »Durch die Vermählung von Orient und Okzident gelangen wir zu dem neuen Musikstil, zur 'Weltmusik'«. Capellen verwies auf den ursächlichen Zusammenhang zwischen dem chinesischen Musiksystem und dem des Pythagoras und auf die Verbreitung der alten Fünfton-Skalen in allen 5 Erdteilen. Er resümierte: »Ein vorurteilsloses Studium der neueren Musikliteratur lässt leise Zweifel an der Unerschöpflichkeit europäischer Melodik, Tonalität und Rhythmik aufkommen und sehnsüchtig nach neuen Ausdrucksmöglichkeiten ausschauen, nach neuen Quellen, aus denen die Fantasie schöpfen könnte [...] Bei der enormen Erweiterung unseres geistigen und politischen Horizontes in den letzten Jahrzehnten hätte uns längst die Frage kommen sollen, ob nicht vielleicht der Orient auch musikalisch uns anregen und befruchten könnte, in ähnlicher Weise wie die moderne Malerei durch die impressionistische Linienkunst der Japaner beeinflusst wurde [...]«[108]

Was für Capellen noch »Zukunftsmusik« war, ist heute Realität geworden. Die Weltmusik ist zur Botschafterin einer harmonischeren Weltkultur geworden, in vorbildender Funktion öffnet sie das Bewusstsein für die aller irdischen Musik zugrunde liegenden kosmischen Harmonien. Man kann auch sagen: Musik ist die Sprache des Herzens. Pythagoras jedenfalls wäre über die Wahrnehmung des amerikanischen Jazzpianisten McCoy Tyner entzückt gewesen: »Was ich sehe in der Musik, ist etwas Totales [...] Die Musik der ganzen Welt ist miteinander verbunden.«

Überall auf der Welt sind es die gleichen harmonischen Proportionen, überall bestimmt von den gleichen physikalischen Gesetzen. Gleiches »gilt noch offensichtlicher von Rhythmen. Auch hier läuft alle Musik der Welt auf die gleichen ganzzahligen Verhältnisse hinaus, ohne die Rhythmus als Rhythmus nicht wahrgenommen werden kann. Um wahrgenommen zu werden, muss er körperlich nachvollzogen werden können. Auch Herzschlag und Lungentätigkeit, Puls und Atem, Knochenlängen, Gliedmaßen und Körperlängen tendieren zu ganzzahligen Verhältnissen. Es sind die gleichen Verhältnisse, die es in Rhythmen und harmonikalen Progressionen gibt - die gleichen 'Quanten'! Aber es gibt Völker (zum Beispiel Afrikaner und Inder), die die Ganzzahligkeit der Rhythmen stärker dehnen, strapazieren, virtuoser behandeln als andere (zum Beispiel Europäer), während umgekehrt andere Kulturen (Chinesen) oder musikalische Stile (zum Beispiel Zwölfton- und Vierteltonmusik) die Ganzzahligkeit der harmonikalen Progressionen stärker strapazieren und dehnen. Auch körperlich können Afrikaner und (Süd-)Inder im Allgemeinen sehr viel kompliziertere Rhythmen nachvollziehen als Europäer.«[109] So Joachim-Ernst Berendt, einer der ersten Weltmusikproduzenten der 60er-Jahre.

Immer wieder beschreiben Musiker die Reisen in andere Kulturen als Reisen ins eigene Innere. Und wundern sich, wie vertraut ihnen völlig fremde Rhythmen sind. So der amerikanische Jazz-Drummer Ed Thigpen, als ihm der südindische Percussionist T.A.S. Mani 1984 beim World Music Meeting in Donaueschingen einen schwierigen 11/8-Rhythmus erklärte, wie es ihn häufig in der indischen Musik, aber nirgendwo im Jazz gibt. Da sagte Ed nachdem er den Rhythmus verstanden und ein paar Minuten lang mit der Gruppe seines indischen Kollegen gespielt hatte: »It´s funny, aber irgendwo habe ich das alles gekannt. Als sei es immer schon in mir gewesen.«[110] Psychologen würden von urtypischen Mustern sprechen, wie schon Johannes Kepler sagte, die Musik der Sphären sei archetypisch der Seele des Menschen eingeprägt: *[...] verissimae Harmoniae Archetypo, qui intus est in Anima [...]*[111]

Vielleicht ist es ja die Sehnsucht nach der Rückbindung an jenen großen einenden Urklang hinter allen Dingen, die diese Weltmusiker verbindet; an jenen geheimnisvollen Urton, den östliche Meister noch heute vernehmen und dem die neue Physik mit fortschrittlichster Technik beträchtlich nahekommt. Nach der Feldtheorie »singt« wirklich jedes Partikel »sein ewiges Lied« und produziert rhythmische Energiestrukturen, ein alles mit allem verbindender kosmischer Tanz. Alexandra David-Neél führt in ihrer *Tibetan Journey* ein schönes Beispiel solch einer Vorstellung von Rhythmus und Tanz an, wo sie von einem Lama erzählt, der sich selbst »Meister des Tones« nannte und ihr seine Ansicht von der Materie mitteilte. »Alle Dinge sind Ballungen von Atomen, die tanzen und durch ihre Bewegungen Geräusche hervorrufen. Ändert sich der Rhythmus des Tanzes, ändern sich auch die erzeugten Töne [...] jedes Atom singt unaufhörlich sein Lied, und der Ton erzeugt in jedem Augenblick dichte und subtile Formen.«[112]

Die schöpferische alles erschaffende Kraft der Klänge wurde von jeder Kultur und jeder Zeitepoche als etwas Heiliges anerkannt. Musik wurde personifiziert, göttlich-vermenschlicht, mit magischen Eigenschaften ausgestattet, Tonkunst ist nicht Selbstzweck sondern Helferin, oft Heilerin. Es ist die uns immer wieder begegnende seelische Tiefenwirkung der Musik, die wie keine andere Kunstrichtung das Innere erschließt, um eine unmittelbare Beziehung zwischen Mensch, Natur und Kosmos herzustellen. Die Musik ist so universal, dass sie den Menschen unabhängig von Rasse, Kultur, Religion oder politischer Richtung beeinflusst. Musik durchbricht Schranken. Die eindringliche und mathematische Reinheit der musikalischen Harmonie lässt sich als unsichtbare Sprache bezeichnen, die auf die Herzen der Menschen wirkt und die Wahrnehmung der sogenannten Wirklichkeit verändert. Im Zustand der Harmonie fühlen Menschen sich angeregt, Gefühle der universalen Vollkommenheit und der Wahrheit zu entwickeln. Konfuzius meinte: »Wer dieses Opfer völlig versteht, kann die Welt regieren, als würde sie sich in seinen Händen drehen.«[113]

Die Metapher des kosmischen Tanzes als Basis aller Existenz wird am tiefsten und schönsten im Hinduismus mit dem Bild des tanzenden Gottes Shiva ausgedrückt.

Anhang

Anmerkungen

1   Rainer Maria Rilke: Sämtliche Werke, Band 1, Wiesbaden und Frankfurt a. M. 1955-1966, S. 731
2   Nach Winfried Schrammek: Über Ursprung und Anfänge der Musik, Leipzig 1957, S. 8
3   Marion Giebel: Das Geheimnis der Mysterien, München 1983, S. 70
4   Nach Winfried Schrammek, a.a.O., S. 9
5   Gerold Dommermuth-Gudrich: 50 Klassiker Mythen, Hildesheim 2007, S.176 f.
6   Karl Kerényi: Die Mythologie der Griechen, Band 1, München 1984, S. 84
7   Ebd. S. 50
8   Vgl. Dommermuth-Gudrich a.a.O., S. 249 ff.
9   Nach Kerényi, a.a.O., S. 51
10 Aristoteles: De caelo B 9.290 b.12
11 Platon: Politeia (Der Staat) 424d - 425e
12 Johann Georg Sulzer: Allgemeine Theorie der Schönen Künste, Band 2, Leipzig 1774, S. 726
13 Bernhard Kytzler: Frauen der Antike, Düsseldorf/Zürich 2001, S. 148
14 Sappho: Aphrodite, Lied auf einer Scherbe, archive.li/uOLeC
15 Maria Lord, John Snelson: Geschichte der Musik, München 2008, S. 8
16 Ebd. vgl. S. 11
17 Karl Kerényi, a.a.O., S. 204
18 Goethe: Venezianische Epigramme Nr 1, in: Carmina Priapea, Gedichte an den Gartengott, ausgewählt von Bernhard Kytzler, Zürich/München 1978, S. 191
19 Marion Giebel, a.a.O., S. 58, S. 60
20 Ebd. S. 117
21 Karl Kerényi, a.a.O., S. 67
22 Vgl. Maria Lord, John Snelson, a.a.O., S. 11
23 Hildegard von Bingen: Briefwechsel, Salzburg 1990, S. 240
24 Vgl. Maria Lord, John Snelson, a.a.O., S. 13
25 Sr. Christiane Rath: Hildegard-Musik, www.abtei-st-hildegard.de/549/
26 Ebd.
27 Vgl. Jens Johler: Die Stimmung der Welt, Berlin 2013, S. 52
28 Louis Charpentier: Die Geheimnisse der Kathedrale von Chartres, Köln o. J., S. 77 f.
29 Ebd. S. 36
30 Nach Hanna Strack: Viriditas bei Hildegard von Bingen und ihre Bedeutung für eine Theologie des Blühens, Pinnow/Schwerin 2011, S. 11. (Lied 59 der 77 Lieder der »Symphonia«.)

31 Mittelalterlexikon.de
32 Ebd.
33 Vgl. Reay Tannahill: Kulturgeschichte der Erotik,Wien/Hamburg 1982, S. 268
34 Ebd. vgl. S. 271
35 Nach Tannahill, ebd.
36 Bodo Wenzel: Die Gedichte Walther's von der Vogelweide, Plauen 1889, S. 6 f.
37 Athanasius Kircher: Musurgia, Buch IX, Übersetzung: Günter Scheibel, hmt-
    leipzig.de/home/fachrichtungen/institut-fuer-musikwissenschaft, 2018,
    S.12 (202)
38 Vgl. Maria Lord, John Snelson, a.a.O., S. 20
39 Nach Hans Joachim Moser: Musikgeschichte in hundert Lebensbildern,
    Stuttgart 1958, S. 79
40 Ebd. S. 87
41 Ebd. S. 88
42 Nach Jens Johler, a.a.O., S. 54
43 Ernst Bindel: Die geistigen Grundlagen der Zahlen, Köln 2011, S. 30
44 Nach Sebastian Deiries: Astronomie und Musik, o. O. 1996, S. 44 f.
45 Johannes Kepler: Harmonice mundi, Jena 1918, S. 93
46 Vgl. Ameli Ganz, Elisabeth v. Tannenberg: Tanzentwicklung in Mittelalter und
    Renaissance, homepage.ruhr-uni-bochum.de/Juergen.Freyer/archiv/geschichte.
47 Nach Hans Joachim Moser, a.a.O., S. 166
48 opera-arias.com/monteverdi/l%27-orfeo/libretto/deutsch/
49 Libretto von Martin Opitz, operone.de/libretto/scuedade.html
50 Hans Joachim Moser, a.a.O., S. 218
51 userpage.fu-berlin.de/history1/bs/vivaldi/niemann/sonette
52 Nach Fritz Stege, a.a.O., S. 37
53 Anzuhören unter: Natursymphonie.com/der-gesang-der-natur/
54 Zelter an Goethe, Brief vom 8. Juni 1827, in: Claus Canisius: Goethe und die
    Musik, München 1998, S. 111
55 Nach Siegfried Melchinger: Johann Sebastian Bach, in: H. J. Schultz (Hrsg.):
    Letzte Tage, Stuttgart/ Berlin 1983, S. 130 f.
56 Ebd. S. 131 f.
57 Nach Franz Carl Endres, Annemarie Schimmel: Das Mysterium der Zahl,
    Zahlensymbolik im Kulturvergleich, München 1995, S. 39
58 Henning Möller: Bach. Das Wohltemperierte Rätsel, Norderstedt 2016,
    I Vorbemerkung
59 Athanasius Kircher, a.a.O., S. 228/ S. 229 (352 f./ 354)
60 Aus: Gaspar Schott: Mechanica hydraulico-pneumatica, nach Fritz Stege, a.a.O.,
    S. 219
61 Joseph von Eichendorff: Gesammelte Werke, Band 1: Gedichte, Nachlese, Die
    Feier, Berlin 1962, S. 90
62 Olga Neuwirth: Ein Mann von zu vieler Empfindung, profil.at, 30.03.2009
63 Nach Hans Joachim Moser, a.a.O., S. 403

64 Ebd. S. 404
65 Gespräch mit Eckermann, 27. Juni 1831, in: Hedwig Walwei-Wiegelmann, a.a.O., S. 185 f.
66 Gespräch mit Eckermann, 12. Februar 1829, vgl. ebd. S. 185
67 Bettine von Arnim, a.a.O., S. 381-384
68 Ebd. S. 223
69 Aus: Goethe: Die Schriften der Naturwissenschaft, in: Claus Canisius: Goethe und die Musik, München 1998, S. 230
70 Goethes Werke. Sophienausgabe IV, Bd. 9, Weimar 1887-1912, S. 289
71 Vgl. Claus Canisius, a.a.O., S. 151
72 Max Heindel: Rosenkreuzer Philosophie in Frage und Antwort, Bd. 1, S. 252
73 Frank Nager: Goethe. Der heilkundige Dichter, Frankfurt a. Main/ Leipzig 1994, S. 143
74 Hedwig Walwei-Wiegelmann, a.a.O., S. 249
75 Ebd. S. 132
76 Ebd. S. 134
77 Ebd. S. 143
78 Maria Lord, John Snelson, a.a.O., S. 57
79 Theodor Schmitt: Vortragsreihe Schubert, Hochschule für angewandte Wissenschaften München, München 2018/19, S. 3
80 Heinrich Kreissle von Hellborn: Franz Schubert, Wien 1865, S. 482
81 Ebd. S. 474 f.
82 Petra Gerster, Andrea Stoll: Ihrer Zeit voraus, München 2009, S. 130
83 Ebd. vgl. S. 131
84 Ebd.
85 Maria Lord, John Snelson, a.a.O., S. 58
86 Nach Jörg Gedan: Klaviergeschichte, pian-e-forte.de, 2003-2012
87 Nach Hans Joachim Moser, a.a.O., S. 605
88 Vgl. Jörg Gedan, a.a.O.
89 Aus: Wagner: Das Bühnenfestspielhaus zu Bayreuth, in: Walter Hansen: Richard Wagner, München 2006, S. 282
90 Nach Hansen, a.a.O., S. 282
91 Ebd. S. 283
92 Ebd.
93 Bernhard Neuhoff: Temperament oder Wahnsinn, br-klassik.de, 01.08.2017
94 Vgl. Hansen, a.a.O., S. 293
95 Ebd.
96 Nach Josef Lehmkuhl: »...kennst du genau den Ring?«, Würzburg 2006, S. 60
97 Joachim-Ernst Berendt: Zum harmonikalen Weltbild, musik-for.uni-oldenburg.de
98 Wolfgang Sandner: Mythos Wagner, deutschland.de, 13.03.2013
99 Nach Florian von Heintze: Musik und Literatur: 1000 Fragen und Antworten, Gütersloh/München, Hamburg 2006, S. 82
100 Nach Jean Barraqué: Claude Debussy, Reinbek bei Hamburg 2018, E-book

101 Nach Alexander L. Ringer: Arnold Schönberg: Das Leben im Werk, Stuttgart/Weimar 2002, S. 139

102 Christian Meyer: Konzept zur Ausstellung »Schönberg, Kandinsky, Blauer Reiter und die russische Avantgarde, www.schoenberg.at

103 Anonym: Bei Arnold Schönberg. Eine Unterredung vor Zugsabgang, Bohemia, Morgen-Ausgabe 2. März 1912, Arnold Schönberg Center/Archiv, www.schoenberg.at

104 Hans Mersmann: Moderne Musik, Potsdam 1928, S. 160

105 Ebd. S. 161

106 Maria Lord, John Snelson, a.a.O., S. 107

107 Jazzpages.de

108 Nach Joachim-Ernst Berendt: Über Weltmusik, weltbeat.net 2009/O3, S. 15

109 Ebd. S. 17

110 Ebd. vgl. S. 18

111 Ebd.

112 Nach Fridjof Capra: Das Tao der Physik, München 1997, S. 242

113 Laeh Maggie Garfield: Der heilende Klang, München 1989, S. 53 f.

Bildnachweise

S.7 Orpheus von Tieren umgeben. Museo archeologico regionale Palermo © PD

S.8 Pierre-Paul Prud'hon: Apollo und die neun Musen auf dem Parnass © PD

S.11 Marmorsarkophag/Musen und Sirenen, Metropolitan Museum of Art © PD

S.13 Hermes Trismegistos, Scientific Instrument Society, Bulletin 52, 1997

S.17 Kykladische Marmorskulptur eines Harfenisten, Getty Villa © PD

S.17 Ägyptisches Grabrelief. Ägyptisches Museum Berlin © PD

S.18 Satyr u. Mänade. Attisches Vasenbild, Walters Art Museum Baltimore © PD

S.19 Wasseraulos/Mosaik. Römische Villa Nennig © PD

S.19 Wandermusiker/Mosaik. Museo Archeologico Nazionale, Neapel © PD

S.20 Hildegard v. Bingen: Chor der Engel, Scivias I.6, Rupertsberger Codex © PD

S.22 Daniel Saulnier: Learning about Gregorian Chant, 2004, Detail d. Titelbildes

S.26 Labyrinth von Chartres © PD

S.27 Anonymer Künstler: Maskierte Spielleute/Detail, Roman de Fauvel © PD

S.30 Meister des Codex Manesse: Sängerkrieg auf der Wartburg/Detail © PD

S.35 Ernst Hildebrand: Luther und Melanchthon im Kreise der Familie © PD

S.37 R. Fludd: De Metaphysico Macrocosmi et creaturaru[m] illius ortu © PD

S.40 Camille Corot: Orpheus und Eurydike, Museum of Fine Arts Houston © PD

S.42 Bernardo Strozzi: Porträt Claudio Monteverdi, Tiroler Landesmuseum © PD

S.42 Christoph Spätner: Porträt Heinrich Schütz, Museum für Musikinstrumente der Universität Leipzig © PD